KB274259

월급쟁이 부자의 정석

MILLIONAIRE MILESTONES
Simple Steps to Seven Figures

월급쟁이 부자의 정석

10년 만에 순자산 30억 만드는 기적의 월급 굴리기

MILLIONAIRE MILESTONES

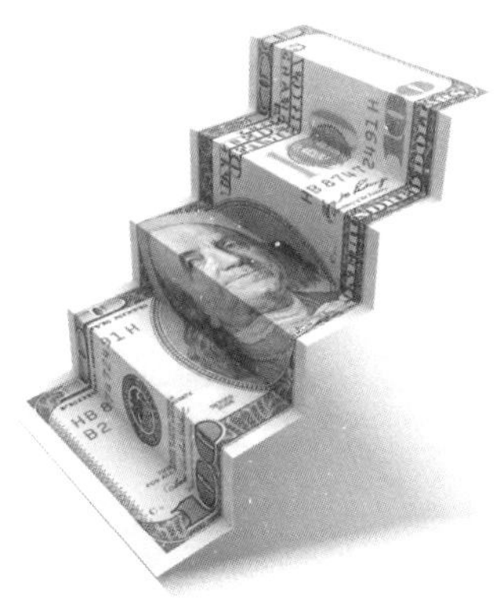

샘 도겐 지음

이주영 옮김

INFLUENTIAL
인플루엔셜

항상 기쁨이 넘치는 저스티와
누구에게나 친절한 케이아에게

일러두기

- 본문 하단의 각주는 모두 옮긴이의 설명이다. 책의 핵심 메시지를 우리나라 실정에 적용하기 위해 필요한 정보를 정리했다.
- 출처가 표시되지 않은 도표는 저자의 금융 사이트인 '파이낸셜 사무라이'에서 가져온 것이다.

금융 사이트 '파이낸셜 사무라이'를 개설한 2009년, 세상은 혼란스러웠습니다. 부를 파괴하고 사람들의 신뢰를 무너뜨리는 세계금융위기의 한복판에서, 저는 이 모든 상황을 이해하고자 애쓰고 있었습니다. 시간이 흘러 깨달은 사실은 경제적 자유란 단순히 돈을 많이 버는 것이 아니라는 점이었습니다. 그보다는 원하는 방식대로 자유롭게 살아가는 게 중요합니다. 그러한 깨달음에서 탄생한 이 책은 사람들이 한 걸음 한 걸음 명확한 단계를 밟아나가며 자신의 재정을 통제할 수 있도록 돕는 로드맵입니다.

오늘날 세상은 그 어느 때보다 빠르게 변화하고 있습니다. AI, 세계화, 자동화의 부상은 일하고 부를 쌓는 방식을 모두 바꾸고 있습니다. 인플레이션과 금리 상승은 투자 환경을 재편 중입니다. 그러나 이 모든 변화에도 경제적 자유를 이루는 원칙은 전혀 달라지지 않았습니다. 적극적으로 저축하고, 꾸준히 투자하며, 자신의 가치관에 부합하는 방식으로 돈을 운용하는 것입니다.

한 가지 새롭게 강조하고 싶은 것은 바로 탄력성입니다. 경제적 자유는 고정되어 있지 않고 끊임없이 움직이는 목표입니다. 평생 학습, 기술 개발 그리고 자기 계발 의지는 부를 쌓는 데 필수적인 요소입니다. 즉 변화를 받아들이는 사람이 변화를 거부하는 사람보다 항상 더 나은 성과를 낼 것입니다.

이 책이 건네는 가장 중요한 교훈은 계속해서 자신의 진척 상황을 추적하고 숫자를 파악하라는 것입니다. 저축률, 불로소득, 순자산 등 무엇이든 측정할수록 개선됩니다. 깨닫는 순간 원칙이 만들어지고, 원칙은 자유를 낳습니다. 이 책은 일확천금을 약속하는 투자서가 아닙니다. 대신 수십 년간의 경제적 부침 속에서도 초심을 유지하도록 돕는 장기적인 플레이북입니다.

한국 독자 여러분께 이 책을 소개할 수 있어 큰 영광입니다. 한국은 오랫동안 교육, 근면, 인내의 가치를 중시해왔는데, 이 모든 것은 경제적 자유를 이루는 핵심 요소입니다. 하지만 열심히 일하는 것 이상으로, 저는 여러분이 현명하게 일하고 목표 지향적으로 살 것을 권합니다. 이를 위해 부의 파이프라인을 구축하세요. 잠자는 동안에도 가치가 상승하는 자산에 투자하세요. 그리고 무엇보다도 사랑을 찾고 그 여정을 즐기세요! 목표가 없는 부는 공허합니다. 삶의 의미와 가족, 평화를 가져다주는 부야말로 진정한 성공입니다.

경제적 자유를 향한 여정은 궁극적으로 행복을 추구하는 것입니다. 대출 상환, 첫 주택 마련, 쉬어도 괜찮을 만큼의 불로소득 창출 등 여러분이 도달한 모든 이정표는 진정으로 중요한 것이 무엇인지 되돌아볼 좋은 기회입니다. 이 책이 건네는 영감을 통해 어떤 단계에서 시작하든 경제적 자유를 이룰 수 있으며, 이로써 돈이 나 대신 일하는 삶을 살게 되리라는 믿음을 품게 되길 바랍니다.

제 여정을 나눌 기회를 주어 감사합니다. 여러분의 경제적 풍요와 가족 간의 끈끈한 유대 그리고 꿈을 향해 나아갈 용기를 응원합니다.

캘리포니아주 샌프란시스코에서
여러분의 경제적 자유를 기원하며
샘 도겐
2026년 1월

부를 향한 첫걸음

"그 개줄 좀 벗으라고!"

상사인 메이슨이 소리를 질렀다. 그는 뉴욕에 사는 런던 사람이었는데 직원들은 뒤에서 그를 '사악한 영국인'이라고 불렀다. 〈심슨 가족〉에 등장하는 미스터 번즈처럼 생긴 그는 수시로 화를 내면서도 칭찬에는 인색했다.

오전 5시 30분, 나는 조개껍질 목걸이를 걸고 출근했다. 당시 골드만삭스는 빠르게 성장 중인 IT 기업들과의 채용 경쟁에서 밀리지 않기 위해 비즈니스 캐주얼 복장 규정을 막 도입한 참이었다. 나는 이 새로운 정책을 시험해보고 싶었다. 나의 아버지는 하와이제도 오아후섬, 어머니는 대만 출신으로, 나는 섬사람이었던 두 분에게서 느긋한 성격을 물려받았다. 하지만 당시 세계에서 가장 손꼽히는 투자은행의 증권거래소에서 일하기 시작하자마자 그런 성격은 사라져버렸다.

"지금 벗었습니다, 메이슨!"

나는 당황해하며 목걸이를 벗어 서랍에 넣었고, 동료들 앞에서 지적당한 것이 무안해 얼굴이 빨개졌다. 왠지 내가 이곳에 어울리지 않는 사람 같았다. 내 모교인 윌리엄앤드메리대학교의 졸업생이 골드만삭스에 취업하는 일은 거의 없었다. 이곳에서는 일반적으로 상류층 부모를 둔 아이비리그 졸업생을 채용했다. 애널리스트 입사 동기들의 부모님은 전직 캐나다 총리, 중국 고위 공무원, 골드만삭스에 최소 2500만 달러 이상의 투자자산을 보유한 개인 고객이었다. 회사 입장에서는 전 세계 부유층과 권력자들의 자녀를 채용하는 일이 사업적으로 현명했을 것이다. 자녀는 부모의 가장 소중한 자산이므로 회사가 그들의 자녀를 돌보면 그들도 회사를 도울 테니 말이다.

월스트리트에서 얼마나 버틸 수 있을까

그리고 내가 있었다. 공립고등학교와 주립대학을 졸업하고 격식 있는 저녁 식사 자리에서의 식기 사용법도 모르는 나 말이다. 솔직히 말해서 우리 가족은 성실함과 다양성 외에는 가진 게 거의 없었다. 1년 차 동료 애널리스트들은 멋지게 차려입고 화려한 파티에 참석하는 일에 익숙했지만, 나는 집 근처 아웃렛에서 세일하는 아무 옷이나 사 입고 다녔다.

"딱 맞는 검은색 정장을 사서 앞으로 10년 동안 그 옷에 몸을 맞춰라."

애널리스트 교육 기간 중 한 부사장이 이야기했다. 젊을 때의 몸매를 되도록 유지하는 게 좋을 거라는 의미였다.

골드만삭스에서 가장 중요한 것은 동화同化였다. 앞서 나가고 싶다면 그 무리에 자연스럽게 흡수되어야만 했다. 상사가 프리미어리그를 좋아한다면 나도 그래야 했다. 두 자녀를 둔 부사장이 오후 8시 이전에는 절대 퇴근하지 않는다면 나도 정시 퇴근은 불가능했다. 그들처럼 보이고, 그들처럼 살아야 했다.

살아남기 위해 나는 아주 빠르게 자아를 버렸다. 총 일곱 차례에 걸쳐 55번의 면접을 치르고 로또에 당첨된 기분으로 뉴욕 최고의 투자은행에 입사했으므로 회사 생활을 망칠 생각은 눈곱만큼도 없었다.

그리고 정말 아무것도 망치지 않았다. 심지어 잘해내기까지 했다. 하지만 2001년 9월 11일 쌍둥이 빌딩이 무너진 다음, 금융업에 종사하는 목적에 의문이 생겼다. 평생 기관투자가들이 더 많은 돈을 벌 수 있게 돕는 일만 하고 살 것인가? 아니면 언젠가는 더 큰 의미와 성취감을 주는 다른 직업을 찾을 것인가?

번아웃이 오기 전까지 월스트리트에서 버틸 수 있는 기간은 최대 18년 정도라고 계산했다. 그때쯤이면 화려한 허울 뒤에 숨겨진 추악함을 모두 발견하고 탈출을 계획하게 될 것이었다. 40세에 은퇴하는 것은 딱 떨어지는 멋진 목표 같았다. 인생의 전반부는 돈을 벌기 위해 영혼을 갈아 넣고, 후반부는 망가진 삶을 치유하면서 보내는 것이다.

문제는 탈출구로 향하는 명확한 로드맵도, 앞으로의 길을 안내해줄 머니 코치도 없었다는 것이다. 절망에 빠져 허우적대다 탈진한 채 요절할지도 모른다는 근본적인 두려움에 휩싸였다. 이것이 머리를 써서 스스로 지도를 짜깁기해보자고 마음먹은 계기였다.

그 과정에서 여러 가지 실수를 저지르고 차선책을 택하기도 했다. 하지만 실패에서 배우기 위해 최선을 다하고 꾸준히 노력했다. 가능한 한 소비를 줄이기 위해 작은 원룸에서 고등학교 때 친구와 함께 살았고, 회사 식당에서 남은 음식을 싸 와서 식비를 절약했다. 무엇보다 수입을 늘리고 투자하는 데 집중했다. 401k*를 최대 한도로 납입하기 시작했고, 연봉 인상과 승진을 과감하게 요구하면서 주식시장에 넣을 수 있는 돈이란 돈은 다 쏟아부었다. 여유 자금이 생기면 예민해졌고, 최대한 많은 돈을 굴리고 싶어 늘 안달이 났다. 때로는 베팅에 완전히 실패해서 힘들게 번 돈을 잃기도 했다(얼마나 쓰라리던지). 하지만 결코 포기하지 않고

---

* 미국의 은퇴 자금용 계좌로, 우리나라의 퇴직연금에 해당한다. 특정 한도까지 직원이 급여의 일정 비율을 납입하면 고용주도 일정 비율을 추가로 납입하는 '고용주 매칭' 때문에 고액 연봉자 사이에서 사적 연금으로 큰 인기를 누리고 있다. 대부분 S&P 500 지수를 추종하는 방식으로 운용되며, 은퇴 시점까지 과세를 이연한다는 장점이 있다.

계속 노력했다. 수입이 눈덩이처럼 불어나고 투자 지식이 늘어남에 따라 더 큰 수익을 얻고 싶은 호기심과 갈증도 커졌다.

모멘텀에 올라타자 희망도 함께 찾아왔다.

백만장자의 자리에 오르다

마침내 28세에 백만장자가 되었다. 사실 백만장자라는 임계점을 넘게 만든 한 방은 없었다. 그저 항상 최선을 다하고 합리적인 방식을 선택했을 뿐이다.

내가 설정하고 차례대로 달성한 각각의 목표는 경제적 자유를 향한 로드맵에서 중요한 이정표였다. 시간이 지나면서 이정표들은 하나의 길을 가리켰고 예상보다 더 큰 부로 나를 이끌었다. 내가 갔던 길은 직선이 아니었다. 수없이 잘못된 길로 들어섰고 막다른 길에 부닥치기도 했다. 하지만 그 여정 덕분에 더 훌륭하고 좋은 곳으로 움직였다. 이런 이유로 이것들을 '부의 이정표 millionaire milestones'라고 부르기로 했다.

나는 '이정표'라는 말을 좋아한다. 이 말을 들으면 우리 아이들을 가르치고 칭찬했던 시간이 떠오르기 때문이다. 매번 새로운 목표를 이룰 때가 곧 승리의 순간이다. 경제적 이정표 중에는 육아를 할 때처럼 곧바로 명확한 승리가 나타나는 순간도 있다. 반면 지나고 나서야 비로소 분명해지는 것도 있다. 다시 한번 말하지만, 나는 그 누구에게도 로드맵이나 이정표를 받은 적이 없다. 그러나 지금 되돌아보니 그 하나하나가 명명백백히 보인다. 내가 경험으로 배운 가장 효과적인 부의 이정표를 이 책에 전부 담았다. 여러분이 나와 같은 실수를 저지르지 않고 정말 효과가 있는 일에만 집중하길 바란다.

월스트리트를 떠난 다음 삶의 방식이 달라졌고 훨씬 더 만족스러워졌지만, 절약하고 성실하게 저축하는 습관만큼은 여전히 몸에 배어 있다. 부의 이정표를 세우고 달성하는 일 역시 여전히 내 일상의 일부다. 덕분에 40세가 되었을 때 연간 몇십만 달러에 이르는 불로소득을 벌어들일 수 있게 되어 아내와 나는 평생의 경제적 자유를 얻었다.

당신의 운은 이제 막 트였다

나는 《월스트리트저널》 베스트셀러인 《이것은 사고, 저것은 사지 마라Buy This, Not That》에서 어떤 결정을 내리기에 앞서 확률적으로 사고하는 일의 중요성을 이야기했다. 좋은 결정일 확률이 70%라면 밀고 나가라. 다만 그 결정은 30%의 확률로 나쁜 선택일 수도 있다. 치명적인 실패만 겪지 않는다면 실수를 통해 배울 수 있고 시간이 흐르면서 더 나은 의사결정을 내릴 수도 있다.

이 책을 다 읽고 나면 여러분이 앞으로 백만장자가 될 확률은 70%를 훨씬 웃돌게 될 것이다. 나는 여러분이 이 책에 제시된 가이드라인을 실천하고도 20년 안에 100만 달러를 모으지 못한다면 오히려 놀랄 것 같다. 백만장자가 되는 일은 더 이상 운 좋은 소수만이 달성하는 신화가 아니다. 자신의 재정을 계획적으로 관리하는 사람이라면 누구에게나 가능한 일이다.

여러분의 여정에 도움이 될 만한 책은 아주 많다. 다만 '부자가 되는 법'을 쓴 다른 작가들과 나의 차이점은 나는 말한 대로 행동하며 실제 경험을 바탕으로 쓴다는 것이다. 나는 UC버클리에서 경제학 학사학위를 받았고, 금융을 세부 전공으로 하여 경영학 석사학위를 취득했다. 13년 동안 투자은행에서 일했고, 26세에 첫 번째 부동산을 구입했으며, 28세에 두 번째 부동산을 구입했다. 34세에 회사 생활을 정리했고, 39세까지 연간 수십만 달러의 불로소득을 만들어냈다. 2009년에는 금융 사이트인 '파이낸셜 사무라이'를 개설해 재정 관리에 대한 생각을 정기적으로 공유하고 있다.

나는 부자로 태어나지도 않았고 신탁 기금이나 현금 자산을 상속받지도 않았다. 부모님은 나를 겸손하고 검소한 사람으로 키워주셨다. 파이낸셜 사무라이를 꾸준히 읽다 보면 내가 잘못이나 실수를 겸허하게 인정한다는 사실을 알게 될 것이다.

나는 부로 인한 안정감과 자유에 대해서도 물론 감사함을 느끼지만, 그보다는 다른 사람들이 경제적 독립을 이루고 꿈과 희망을 실현하도록 도울 때 더 큰 기쁨을 느낀다. 이것이 이 책을 쓴 이유다.

백만장자로 가는 여정

백만장자가 되는 일은 생각만큼 어렵지 않다. 지금부터 그 방법을 알려주겠다.

우리의 여정은 이렇게 시작한다. 먼저 1부에서는 돈에 대한 올바른 마인드셋을 갖추도록 관점의 중요성을 다룬다. 그다음 2부에서는 백만장자로 가는 여정의 주요 단계를 살펴보고, 마지막 3부에서는 모아놓은 자산을 쓰거나 후대에 남겨주는 방법을 이야기한다. 그 과정에서 부를 축적하는 정확한 전략과 경제적 불안을 없애는 방법, 경제적 실패와 인생의 예상치 못한 충격에서 자신을 보호하는 방법, 가족에게 남길 유산과 대대로 이어질 부를 창출하고 지혜롭게 상속하는 방법을 가르쳐주겠다.

백만장자는 쉬운 목표가 아니지만 올바른 방향을 설정해 오랫동안 공을 들인다면 반드시 가능하다. 각 장의 끝부분에 제시된 과제들을 완수할 때마다 자축하라.

백만장자로 가는 여정을 시작할 때는 다음의 네 가지 원칙을 반드시 기억하길 바란다.

1. 성공의 마인드셋을 가져라. 나에게 경제적 상황을 개선할 능력이 있음을 믿어라. 그리고 부를 축적하기 위한 세부적인 목표에 집중하라.

2. 성장의 올바른 방향을 잡아라. 수익을 올리는 모멘텀에 올라타 장기적으로 투자하라.

3. 자신의 가치관에 충실한 삶을 살아라. 내가 중시하는 가치를 양보하지 않을 때 더 풍족하다고 느낄 뿐 아니라 실제로 더 부유해진다.

4. 의미 있는 유산을 남겨라. 자신의 부를 의미 있게 쓸 수 있는 단계에 도달하라.

이 책에서 제시하는 가이드라인에 따라 돈을 이해하고 99.9%의 사람들을 뛰어넘는 부를 축적하자. 각자의 상황과 목표에 맞게 가이드라인을 조정하고 나의 경제적 운명을 통제하자.

여러분은 자유를 누릴 자격도, 부자가 될 자격도 있다!

자, 이제 시작해보자.

차례

행동을 끌어내는 마인드셋 설정

"놀랍게도 다음 백만장자는 바로 당신이다"

돈! 우리는 언제나 더 많은 돈을 원한다.

로또 당첨 같은 예외적인 상황이 아니라면,

큰돈은 준비된 자에게만 찾아온다.

그렇다면 가장 먼저 무엇을 준비해야 할까?

바로 백만장자가 될 수 있다는 마인드셋이다.

백만장자는 운 좋은 소수에게만 주어지는 자격이 아니다.

부를 쌓으려는 분명한 목적과 동기를 가진 사람이라면,

누구든 백만장자가 될 수 있다.

자, 이제 시작이다!

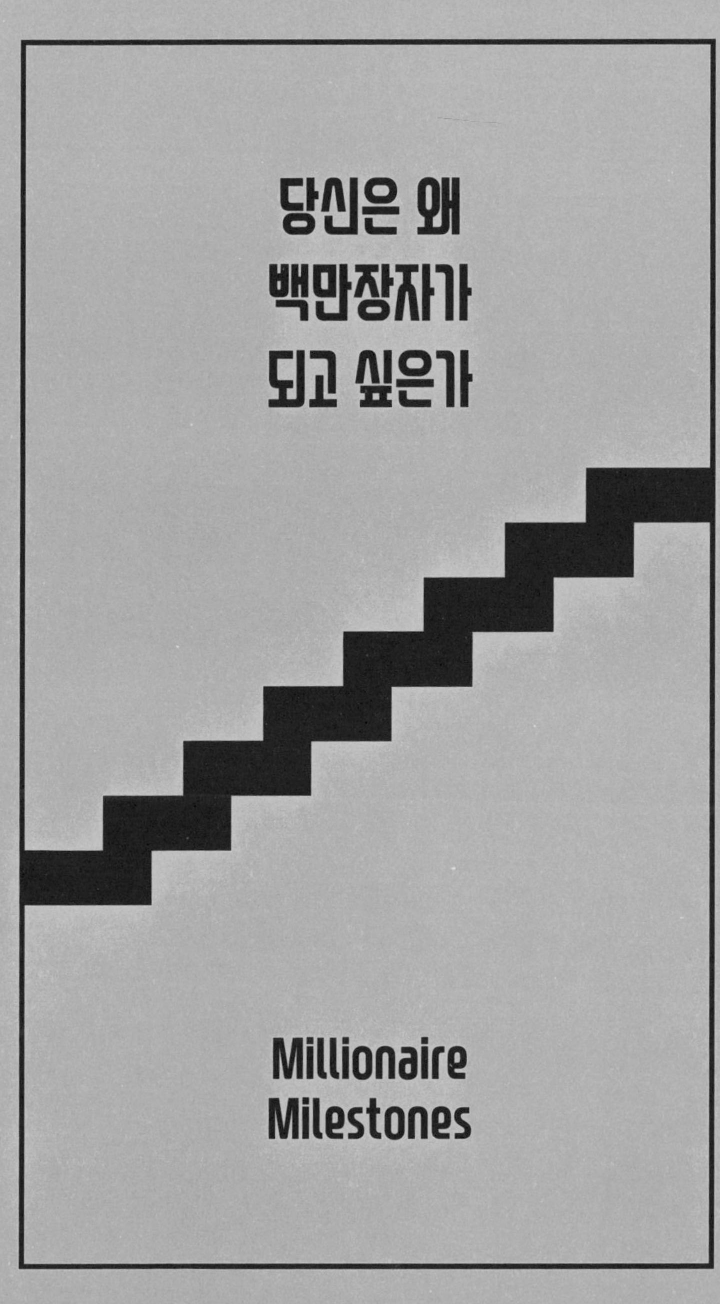

당신은 왜
백만장자가
되고 싶은가

Millionaire
Milestones

우리는 모두 백만장자가 되고 싶어 한다. 왜 그럴까? 나만의 고유한 이유를 분명히 설명할 수 있으면 부를 쌓는 여정과 성공을 위한 로드맵을 세우는 데 도움이 된다. 먼저 다음 질문에 답해보자.

1. 당신이 돈을 모으려는 동기는 무엇인가? 100만 달러가 있다면 가장 먼저 하고 싶은 일 세 가지는 무엇인가?
2. 100만 달러는 당신의 삶을 어떻게 바꿀 것인가?

백만장자가 되고 싶은 이유를 진지하게 생각해본 적이 있는가? 많은 사람에게 가장 중요한 목적은 아마 은퇴 후에도 경제적으로 안정된 생활일 것이다. 이것은 당신이 찾는 열정적인 목표는 아니겠지만, 평생 동안 일을 하고도 경제적 불안 때문에 진짜로 은퇴하지 못하는 상황만은 피하고 싶을 것이다.

어쩌면 부자가 되고 싶은 이유가 완전히 다를 수도 있다. 집을 매입하거나 사랑하는 사람의 수술비를 마련하는 것일 수도 있고, 아이들의 교육비를 감당하거나 창업 자금을 조달하는 등 현재에 초점이 맞춰져 있을 수도 있다. 이유야 무엇이든 마음속에 분명한 목적을 가지고 있어야 한다.

부를 쌓는 목표, 부를 잃는 목표

단지 명확한 목표와 목적이 없기 때문에 인생을 허비하고 부를 쌓지 못하는 사람은 놀랄 만큼 많다. 돈을 펑펑 쓰는 어른 흉내를 내기 위해 부자가 되고 싶어 하는 것은 백만장자가 되기에는 막연한 이유다. 더 여유로운 라이프스타일을 즐기고 싶은 욕망은 이해하지만 역시나 너무 모호하다. 이처럼 목표가 애매하면 시간이 지남에 따라 과소비하게 되고, 저축과 투자도 하지 않아 원하던 경로에서 크게 벗어나게 된다.

분명한 목적이 없으면 성공에 대한 동기부여도 어려워진다. 새해마다 방향성 없이 막연한 목표를 세웠다가 실패한 일이 얼마나 많은지 떠올려보자. 단순히 집을 사고 싶다고 생각하는 것과 가족이 편하게 살기 위해 향후 5년 동안 월급의 40%를 저축하고, S&P 500 ETF에 투자하며, 자동차를 사는 대신 대중교통을 이용하면서 방 세 개짜리 주택의 매매 계약금으로 30만 달러를 모으겠다고 생각하는 것에는 큰 차이가 있다.

부를 축적하려면 향후 수년에서 수십 년 동안의 굵직한 지출 항목을 예상하고, 구체적인 목표를 설정해야 한다. 장기간에 걸쳐 절제해야만 큰 성공이 따라온다. 부를 쌓는 목적은 돈을 벌고, 유지하고, 소비하는 방법에도 영향을 미친다. 또한 경제적 필요와 행복, 성취감, 자유, 여가와 균형을 이루는 이상적인 소득 수준을 설정하고 이를 달성하는 데도 도움이 된다. 눈가리개를 쓴 경주마처럼 다른 사람들은 신경 쓰지 않고 내가 나아갈 길에만 집중하는 것이다.

나만의 마인드셋 리스트 쓰기

아직 100만 달러를 모으는 명확한 목적이 떠오르지 않는가? 지금부터 5분 동안 100만 달러가 생긴다면 정말 하고 싶은 일을 자유롭게 적어보자. 그중에서 삶에 가장 큰 영향을 미칠 항목 세 가지만 남겨라. 올바른 마인드셋과 분명한 목적을 설정한다면 백만장자로 가는 여정에 긍정적인 동기부여가 될 것이다.

이유를 이미 알고 있다고 해도 놓치고 있는 다른 이유가 있을 수 있다. 다음은 큰돈을 손에 넣음으로써 이룰 수 있는 목적들이다. 가장 마음에 드는 항목에 표시하고, 개인적으로 특별한 의미가 있는 다른 목적들도 적어보자.

라이프스타일

- 원할 때 원하는 것을 하기
- 기대수명 늘리기(더 좋은 음식, 고급 의료 서비스, 안전한 교통수단 등)
- 편안한 비행편으로 여행하면서 새로운 문화를 경험하기
- 자유롭게 행동하고, 타인의 시선에서 벗어나기

가족

- 가정 꾸리기(불임 치료 및 시술 포함)
- 아이들이 진학하거나 독립하기 전에 더 많은 시간을 함께 보내기
- 아이들에게 내가 가지지 못했던 기회를 주기
- 아이들이 스스로 안정된 삶을 살 수 없을 때 보험 역할을 해주기

일

- 업무 시간과 스트레스 줄이기
- 부당한 업무 요청을 편하게 거절하기

- 시시콜콜 간섭하는 상사에게 꺼지라고 말하기
- 급여는 낮지만 의미 있는 일을 하기
- 나만의 사업을 시작하기
- 조기 은퇴하기

가치

- 타인을 돕는 일에 더 많은 시간을 쓰기
- 경제적 파탄을 두려워하지 않고 불의, 괴롭힘, 편협함, 인종 차별주의에 맞서 목소리를 높이기
- 치열한 경쟁 사회에서 안정감을 느끼기
- 관심 있는 단체에 더 많이 기부하기

건강

- 장애나 질병이 생겼을 때 최고의 치료를 받기
- 전담 요리사나 영양사를 고용해 영양 밸런스가 맞는 음식을 섭취하기
- 돈에 구애받지 않고 병원이나 응급실 방문하기
- 체력 향상을 위해 퍼스널 트레이너를 고용하기
- 치료사를 고용하기

또 무엇이 떠오르는가? 되도록 많은 항목을 적어보자. 목적을 구

체적으로 작성한 다음 우선순위에 따라 재정렬하고 최우선 순위 세 가지에 동그라미를 친다. 반드시 손으로 쓰거나 컴퓨터로 타이핑해야 한다. 이제 미래를 위해 저축하고 투자할 정확한 동기를 가지게 되었다.

100만 달러를 소유하는 것, 버는 것, 소비하는 것

백만장자가 되고 싶은 이유와 100만 달러로 이루고 싶은 목적을 파악했다면 이제 100만 달러를 소유하는 것과 버는 것, 소비하는 것의 차이점을 생각해봐야 할 때다. 이 차이는 돈을 벌고, 유지하고, 소비하는 데 필요한 시간과 전략에 영향을 미친다.

한 가지 희소식은 이 책에 소개된 이정표를 따라간다면 틀림없이 순자산 100만 달러에 도달하리라는 것이다. 이후에는 포트폴리오에 따라 연간 3만에서 5만 달러의 수익을 창출할 수 있다.

100만 달러를 모으는 것보다 더 어려운 일은 연 소득을 100만 달러로 만드는 것이다. 이것은 미국 소득 상위 0.1%에 속한다.[1] 이 정도의 고소득자가 되려면 오랜 시간에 걸친 엄청난 노력과 행운이 필요하다.

물론 소유, 벌기, 소비 중에서 가장 어려운 일은 연간 100만 달러를 소비하는 것이다. 이 말은 즉 매년 세후 100만 달러를 모을 수 있어야 한다는 의미다. 매년 100만 달러를 소비하면서도 파산하지 않으려면 최소 수백만 달러의 자산을 가지고 있어야 한다. 실제로 이런 소비를 하는 사람이라면 순자산은 5000만 달러 이상일 가능성이 크다.

다만 다음 세대의 백만장자가 어떤 방식으로 탄생하게 될지는 아무도 모른다. 사람들은 매우 다양한 방법과 기간으로 백만장자가 된다. 따라서 우리는 그 길을 걸어가면서 좌절할 필요가 없다. 당신이 걷는 경로는 목적, 선택, 행동, 효율성에 따라 기간과 방향이 완전히 고유하다. 경제적 자유로 가는 정답은 단 하나가 아니므로 누구든 자신만의 길을 선택할 수 있다.

부를 축적하는 이유 역시 나이가 들면서 달라진다. 고등학생 때 내가 돈을 벌고 싶었던 이유는 부자 친구가 타고 다니던 1만 2000달러짜리 1990년형 머스탱 5.0 GT를 사고 싶어서였다. 나는 여자친구와 영화를 보러 갈 때 그녀의 집 앞에 차를 세우고 엔진이 부드럽게 웅웅거리는 소리를 들으며 그녀를 기다리는 모습을 상상했다. 그러나 내가 살 수 있는 건 자전거뿐이었다.

사회 초년생 때는 기본급으로 4만 달러를 받았기 때문에 월스트리트의 비싼 월세를 감당하기 위해 고등학교 때 친구와 함께 원룸에서 살 수밖에 없었다. 부모님으로부터 도움받는 일만은 절대 피하고 싶었다. 대학을 다니는 4년 동안 학비와 생활비를 지원받았는데 또 손을 벌린다면 너무 창피했을 것이다.

지금은 어린 두 자녀를 둔 아빠로서 가족과 함께 더 많은 시간을 보내기 위해 부자가 되고 싶다. 아이들이 만 19세가 될 때쯤이면 부모가 아이와 함께하는 시간의 거의 90%가 끝난 것이라고 한다.[2] 아이들이 성인이 되어 독립하는 모습을 생각하면 즐겁기도 하고 슬프기도 하다. 시간은 가장 소중한 자원이다.

나는 부모가 되기 훨씬 전부터 나이가 들수록 시간은 점점 부족해지고, 일과 육아를 병행하는 일은 힘들 것이라고 예상했다. 그래서 경제적으로 안정되었다고 판단할 때까지 아이를 낳지 않았다. 회사 업무에 육아를 맞추기보다 내 일정대로 아이들을 돌볼 수 있기를 바랐다. 안타깝게도 아이를 늦게 낳으면 아이들과 함께할 시간이 그만큼 줄어든다는 생각은 미처 하지 못했다. 이제서야 그 시간을 만회하기 위해 최선을 다하고 있다.

시간이 흐르면 경제적 안정을 이루려는 주된 목적도 바뀔 것이다. 잠깐씩 시간을 갖고 목적을 평가하고 수정하며 계속 발전하자.

100만 달러로 가능한 일들

경제활동 시기와 은퇴 후에 대략 얼마나 많은 비용이 드는지 살펴보면서 100만 달러로 할 수 있는 일과 할 수 없는 일에 대해 좀 더 명확하게 감을 잡아보자.

30만 달러	자녀 한 명을 만 18세까지 키우는 데 드는 평균 비용[3]
20만 달러	자녀가 2년제 대학에 다닌 다음 주립대학에 편입해 2년 더 다닐 경우 학비[●4]
65만 1000달러	자녀가 4년제 사립대학을 다닐 경우 총비용[●●5]
31만 5000달러	65세 부부의 은퇴 후 평균 의료비[6]
2만 6000달러	고령 은퇴자의 연평균 주거 및 교통비[7]
11만 5000달러	사설 요양원 입소 시 연평균 비용[8]

● 2년제 대학의 2년 치 등록금, 수업료, 숙식비 2만 6000달러와 주립대학의 2년 치 등록금, 수업료, 숙식비 4만 4000달러를 18년간 연 6% 복리로 계산한 금액

●● 사립대학의 4년 치 등록금 및 수업료 4만 2000달러와 숙식비 1만 5000달러를 18년간 연 6% 복리로 계산한 금액

이제 100만 달러로 어디까지 충당할 수 있는지 감을 잡았으니 부자가 되려는 주요 목적을 다시 살펴보자. 은퇴 후 필요한 비용을 너무 낮게 잡았거나 우선순위가 바뀌었다면 목적을 적은 리스트를 수정해라. 돈을 모으는 목적을 제대로 알면 백만장자가 되기 위한 라이프스타일을 결정하는 데 도움이 된다.

나이와 형편에 따라 생활비를 충당하는 데만 최소 100만 달러가 필요할 수도 있다. 3대 지출 항목은 주거비, 의료비, 교육비다. 필요한 돈을 줄이고 싶다면 건강을 챙기고 아이를 낳지 않아야 한다. 아이도 갖고 싶고, 마음대로 먹으면서 운동도 하지 않는 사람들은 여생에 들어갈 비용이 훨씬 클 것이다. 이를 고려해 당신의 라이프스타일을 선택하자.

최대 행복을 위한 이상적 소득

백만장자가 쉬운 목표라고 말하는 사람은 아무도 없다. 어느 정도의 대가는 반드시 따른다. 대부분의 사람들은 일을 하느라 자신의 시간을 희생한다. 매일 더 열심히, 더 똑똑하게 일할수록 백만장자가 될 가능성은 더 커진다. 하지만 어느 순간, 결국 어느 정도의 소득이면 충분할지 결정해야 할 때가 온다. 목적을 달성하기에 충분한 연 소득은 얼마인가? 사람마다 필요한 생활비와 욕구가 다르므로 이 질문에 대한 답 역시 달라지기 마련이다.

맥도날드에서 시급 4달러도 받아보고 그보다 훨씬 더 많은 연봉도 받아본 사람으로서 나는 돈보다 가족, 친구, 건강, 목적이 행복에 더 중요한 요소라고 생각한다. 기본적인 생활비를 충당할 수 있을 만큼 돈을 벌고 나면 우리를 행복하게 하는 요소는 원만한 인간관계, 건강, 올바른 삶의 목적 등으로 달라진다.

앞서 설정한 목적들을 떠올려보자. 예산을 여유 있게 감당하려면 세후 소득이 얼마나 필요한가? 그 금액에 저축과 투자까지 고려해 20%를 가산하면 최대 행복을 위한 이상적인 소득이다.

예를 들어, 지난 3년간 4인 가족이 안락한 생활을 위해 한 달에 8,000달러를 사용했다고 가정해보자. 1년이면 9만 6000달러다. 여기에 저축과 투자에 필요한 20%를 가산하면 11만 5200달러가 된다. 따라서 이 가정의 이상적인 소득 수준은 세후 11만

5200달러다. 연 소득이 이를 초과하더라도 삶의 행복 역시 비례해서 커지리라고 보기는 어렵다. 물가상승률을 감안해도 미국 중서부 지역 기준 성인 1인당 약 10만 달러, 해안 지역에서는 성인 1인당 25만 달러를 벌면 그 이후로는 소득이 더 증가하더라도 행복이 눈에 띄게 커지지 않는다.

2010년, 노벨경제학상 수상자인 대니얼 카너먼Daniel Kahneman 교수와 프린스턴대학교의 앵거스 디턴Angus Deaton 교수는 이상적인 소득은 7만 5000달러이며 그 수준을 넘어서면 돈을 더 벌어도 더 행복해지지 않는다고 주장했다.[9] 물가상승률을 연 3%로 계산할 경우, 2010년의 7만 5000달러는 2025년에는 11만 7000달러, 2035년에는 15만 7000달러, 2040년에는 18만 2000달러에 해당한다. 이후 2023년에 카너먼은 펜실베이니아대학교의 매튜 킬링스워스Matthew Killingsworth 박사와 함께 후속 연구를 발표했다.[10] 이 논문에서 그는 대부분의 사람들이 연 소득 50만 달러까지는 행복도가 계속 증가한다고 주장했다. 킬링스워스는 다만 "경제적으로 풍요로움에도 행복을 느끼지 못하는 예외적인 사람들도 있다"라고 덧붙였다. 이 '불행한 소수'의 비율은 약 15~20%다. 이들은 연 소득이 10만 달러를 넘어가면 추가 소득과 정서적 행복 사이에 상관관계가 사라진다.

물론 물가상승률을 반영한다면 25만 달러보다 더 많은 돈을 벌고 싶을 수도 있다. 그렇다면 노력해야 한다. 다만 명심할 점은 근로소득이 많아질수록 일에서 받는 스트레스도 커진다는 사실이다. 내가 투자은행에서 일할 때 연봉이 가장 높은 사람은 매니징 디렉터였다. 그들은 기본급 40만 달러 이상에 총연봉은 100만 달러에 달했다. 하지만 직원 수십 명을 관리하며 여러 사업부의 실적을 책임져야 했고, 엄청난 스트레스에 시달렸다. 경기가 침체되면 가장 먼저 해고 대상이 되는 경우도 많았다. 대기업 CEO들은 수백만 달러를 벌지만 그 대가로 무엇을 희생하는가? 수많은 부하 직원 관리와 분기별 주주총회, 언론의 감시, 끝없는 출장, 쏟아지는 업무 때문에 보통 사람들만큼 여가를 누리지 못한다. 자녀가 성장하는 모습을 거의 보지 못하는 사람도 있다. 심지어 과도한 스트레스를 겪는 CEO는 기대수명이 1~2년가량 짧아진다.[11] 이것이야말로 최악의 결과다.

이제 이런 사람들과 주당 40시간 이하로 일하며 늘 정시에 퇴근해서 가족과 함께 저녁을 먹고 운동할 시간도 확보하는 보통의 직원들을 비교해보자. CEO의 라이프스타일이 과연 보통 사람의 라이프스타일보다 훨씬 나을까? 나는 잘 모르겠다. 시간은 돈보다 소중하며 나이가 들수록 특히 그렇다.

단순히 소득을 높이는 것보다 행복에 중요한 영향을 미치는 요소는 돈을 버는 방식일 수 있다. 총소득에서 근로소득(직장에서 받는 월급 등)보다 불로소득(주식 배당 등)이 차지하는 비율을 높인다면 행복은 커질 수 있다.

당신이 관리자든, 실무자든, 프리랜서든, 그 어떤 일을 하고 있든 높은 소득을 원했던 목적을 정기적으로 재확인하고 자신의 선택이 행복에 어떤 영향을 미치고 있는지 고민해보자.

돈을 벌어서 탈출하라!

건강한 근로소득은 백만장자가 되기 위한 방정식의 한 축이다. 방정식을 이루는 또 다른 축은 생활비와 세금을 제하고 남은 여유 자금을 모으고 키우는 것이다. 나이나 근로 연수에 따라 순자산 목표를 구체적으로 설정하는 것은 100만 달러로 향하는 여정에서 매우 중요하다. 이런 식으로 구체적인 목표를 설정해놓지 않으면 불필요한 소비로 낭비하기가 쉽다.

다음 표는 자산 축적에 참고할 만한 순자산 목표다. 직장 생활을 시작하고 6년 후에는 자신의 평균 연봉만큼 순자산을 쌓는 것을 목표로 삼아야 한다. 직장 생활을 시작하고 18년 후에는 평균 연봉의 열 배에 해당하는 순자산을 쌓아야 한다. 어느 정도 경제적 자유를 누리기 위해서는 최소한 평균 연봉의 열 배에 달하는 순자산이 필요하고, 우리의 궁극적 목표인 완전한 자유를 누리기 위해서는 평균 연봉의 20배가 필요하다.

평균 연봉이 5만 달러라면 은퇴 시점까지 순자산을 50만에서

연령, 근로 연수, 소득에 따른 순자산 목표

단위: 달러

연령 (세)	근로 연수 (년)	연봉대비 자산비율 (%)	연봉 5만 달러	연봉 10만 달러	연봉 15만 달러	연봉 20만 달러	연봉 30만 달러	연봉 50만 달러
22	0	0	-	-	-	-	-	-
25	3	0.5	25,000	50,000	75,000	100,000	150,000	250,000
28	6	1	50,000	100,000	150,000	200,000	300,000	500,000
30	8	2	100,000	200,000	300,000	400,000	600,000	1,000,000
32	10	3	150,000	300,000	450,000	600,000	900,000	1,500,000
35	13	5	250,000	500,000	750,000	1,000,000	1,500,000	2,500,000
40	18	10	500,000	1,000,000	1,500,000	2,000,000	3,000,000	5,000,000
45	23	13	650,000	1,300,000	1,950,000	2,600,000	3,900,000	6,500,000
50	28	15	750,000	1,500,000	2,250,000	3,000,000	4,500,000	7,500,000
55	33	18	900,000	1,800,000	2,700,000	3,600,000	5,400,000	9,000,000
60+	38	20	1,000,000	2,000,000	3,000,000	4,000,000	6,000,000	10,000,000

100만 달러로 만드는 것을 목표로 삼아야 한다. 하지만 평균 연봉이 50만 달러라면 목표를 500만에서 1000만 달러로 높여야 한다. 어느 쪽에 속하든 평생을 책임질 자산을 쌓는 것이 중요하다.

순자산 목표를 소득의 배수로 설정할 때 좋은 점은 억제력이 생긴다는 것이다. 소득이 증가하더라도 소비를 자제하면서 저축과 투자를 늘릴 수 있다. 반면 지출의 배수를 기준으로 순자산 목표를 설정하면 지출을 억지로 줄여서 눈속임으로 목표를 쉽게 달성할 수 있다. 라면만 먹고 살면서 경제적 독립을 더 빨리 이룬 척할 수 있지만 이런 경우 소득의 배수를 기준으로 삼을 때만큼 자산을 빠르게 축적할 수 없고, 장기적으로 인플레이션을 반영하기도 어려워진다. 소득의 배수로 설정한 목표를 달성하면 원할 때 언제든 생활방식을 다시 바꿀 수 있다.

소득 면에서 특정한 목표에 도달하기 위해 최선을 다해 일하는 데는 분명한 이점이 있다. 소득이 여섯 자리, 또는 일곱 자리 숫자에 이르면 그 수준을 적어도 10년간 유지하고 세후 소득의 50% 이상을 모으자. 세후 소득이 10만 달러이고 그중 50%를 저축한다고 가정하면 1년 후에는 5만 달러를 쓰고 5만 달러를 저축하게 될 것이다. 이 시나리오에서는 1년 일할 때마다 1년씩 경제적 자유를 얻는다. 급여를 월 2회로 나눠서 지급받는 경우, 1회분 급여를 전부 저축하면 더 쉽게 소득의 50%를 모을 수 있다.

이제 세후 소득 10만 달러 중 20%를 저축한다고 가정해보자. 1년 후에는 8만 달러를 쓰고 2만 달러를 저축하게 될 것이다. 이 말은 1년 일할 때마다 1년 치 생활비의 25%를 저축한다는 뜻이다. 그렇다면 1년 치 생활비를 모으기 위해 4년을 일해야 한다.

마지막으로 세후 소득 10만 달러의 80%를 저축한다고 가정해보자. 1년 후면 2만 달러를 쓰고 8만 달러를 저축하게 될 것이다. 이 경우 1년 일할 때마다 4년 치 생활비를 모으게 된다! 이렇게 10년 동안 저축률을 유지한다면 지출이 변하지 않는다는 가정하에 40년 치 생활비를 충당할 수 있게 된다.

직장에서 높은 자리로 올라갈수록 추구하는 가치도 달라진다. 하지만 고소득을 올릴 수 있는 기회는 영원하지 않다. 기회의 문이 열려 있을 때 이를 최대한 활용하자. 다시는 그만큼 벌지 못할 수도 있기 때문이다. 이것만 명심하면 앞으로 원하는 삶을 누릴 만큼 충분한 자산을 모으게 될 것이다. 나는 20대와 30대 초반에 최대한 많은 돈을 벌기 위해 치열하게 일했던 것에 감사한다. 그때부터 13년 동안 공격적으로 저축하고 투자한 덕분에 직장 생활에서 벗어날 수 있었고, 퇴직금과 연 8만 달러의 불로소득을 만들어 34세에 은퇴를 결심했다. 조기 은퇴 후 글을 쓰며 사는 게 녹록지 않으면 언제든 다시 일을 시작할 수도 있다.

은퇴를 결심하면 처음에는 이 큰돈을 포기해도 되나 싶은 묘한 기분이 든다. 회사를 떠나지 못하도록 제공하는 인센티브, 소위 '황금 수갑golden handcuffs'을 벗어 던지는 것은 말도 안 되게 어려운 일이다. 그러나 장담컨대 새로운 경제적 자유는 포기해야 하는 기회비용보다 더 가치가 있다. 2012년, 직장 생활을 청산한 후에 만성 통증(턱관절 장애, 요통, 좌골신경통, 테니스 엘보, 골프 엘보 등)이 모두 사라졌다. 조기 은퇴는 값을 매길 수 없을 만큼 건강에 좋다. 게다가 나이가 들수록 남은 시간은 점점 줄어들기 때문에 자유의 소중함은 더욱더 와닿게 된다.

저축률을 10% 더 높여야 하나 고민하고 있다면 더 높여라. 목표를 달성하면 거기에서 또 10%를 높여라. 가용 예산 안에서 사는 일은 금세 익숙해진다. 출근 전이나 퇴근 후에 부업을 해볼까 고민하고 있다면 '반드시 하자'. 그 일이 어떤 결과를 가져올지는 모른다. 돈은 그저 행복을 위한 도구일 뿐이라는 사실을 항상 기억해야 한다. 행복하지 않다면 저축을 늘리거나, 직업을 바꾸거나, 위험을 감수하는 등의 변화가 필요하다. 인생을 돌아봤을 때 후회해서는 안 된다.

백만장자에게도 그림자는 있다

백만장자가 되는 과정에는 당연히 단점도 있다. 안전지대에서 벗어나 그 어느 때보다 열심히 일해야 하기 때문이다. 장시간 일하며 가족과 함께하는 소중한 시간을 포기하거나 돈과 시간을 잃는 위험을 감수해야 할 수도 있으므로 엄청난 스트레스와 고통이 따른다. 이처럼 힘든 시기에는 한 걸음 물러나 백만장자가 되고 싶은 이유를 다시 떠올려보자. 그 이유를 잊지 않는 한 어떤 고난도 이겨낼 수 있을 것이다.

내 경우에는 아이들이 아직 어릴 때 너무 많은 돈을 쓰게 될까 봐 두렵다. 만약 그렇게 된다면 집을 팔고 사교육비를 줄이며 결국 아이들을 갖기 전처럼 회사로 돌아가야 할지도 모른다. 이제 네 식구가 되니 판돈이 훨씬 커졌다. 아마도 아이들이 20대 중반

쯤에 독립하게 되면 영화 〈라스베이거스를 떠나며〉의 주인공처럼 모든 것을 올인하는 과감한 선택을 할 수도 있을 것이다. 하지만 지금은 아니다.

백만장자는 억만장자와 다르다

백만장자가 된다고 해서 인생이 억만장자의 삶처럼 화려하게 바뀔 거라고 기대해선 안 된다. 10억 달러는 100만 달러보다 1,000배나 많은 천문학적인 돈이다. 전 세계에 억만장자는 2,781명밖에 없지만 백만장자는 5940만 명이 넘는다.[12] 언젠가 6500만 달러짜리 전용기를 사고 아마존 창업자인 제프 베이조스처럼 1억 6500만 달러짜리 다섯 번째 저택을 구입하는 것은 비현실적이라는 의미다.[13] 하지만 100만 달러로 중상층 수준의 안락한 은퇴 생활은 얼마든지 누릴 수 있다.

억만장자의 라이프스타일은 백만장자의 라이프스타일과 정확히 얼마나 다를까? 백만장자들은 꽤 편안한 생활을 누리지만 여전히 일해야 하고 지출을 관리하며 은퇴 자금을 저축해야 한다. 반면 억만장자는 넘치는 부를 만끽하며 사치스러운 삶을 자유롭게 살 수 있다.

결국 남들보다 나은 삶을 살고 싶다면 돈이 아닌 자유로 경쟁해야 한다. 돈은 언제든 벌 수 있지만 시간은 결코 다시 얻을 수 없다. 그렇다면 당신이 해야 할 일은 필요한 돈이 얼마인지 파악하고 남은 돈으로 최대한 많은 시간을 미리 사놓는 것이다.

억만장자도 우리와 똑같다

수백만 달러를 가진 내 친구는 억만장자의 요트에서 다른 손님 열 명과 함께 일주일간 휴가를 보내고 돌아왔다. 그 친구에게 휴가가 어땠는지 물었다. 우리 같은 보통 사람들은 감히 누릴 수 없는 부자들의 삶은 어떨까?

"비밀 유지 계약서에 서명하고, 어디를 가든 경호팀이 따라다녀. 그 외에는 언제든 아이스크림을 실컷 먹으면서 즐거운 시간을 보냈어. 엔터테인먼트, 미디어, 금융 등 여러 분야의 사람들이 왔어. 우리는 주로 대화를 나누면서 즐거운 시간을 보냈지."

가장 중요한 것은 공동체다. 친구들과 즐거운 시간을 보내기 위해서 억만장자가 될 필요는 없다. 심지어 백만장자도 될 필요가 없다. '하버드대학교 성인발달연구Harvard Study of Adult Development'에 따르면 양질의 관계를 유지할수록 행복하고 만족스럽고 건강한 삶을 살 가능성이 커진다.[14] 우리는 세계적인 인사 열 명을 개인 요트에 초대하고 섬에서 휴가를 보낼 수는 없겠지만 언제든 기억에 남을 만한 저녁 파티는 열 수 있다.

 # 백만장자의 비밀 노트

☐ 원하는 것이 순자산 100만 달러를 모으는 것인지, 연봉 100만 달러를 받는 것인지 결정해라. 연봉 100만 달러를 받는 것에 비해 순자산 100만 달러를 소유할 때의 성장 가능성은 엄청나게 크지만 여기에는 위험과 비용이 따른다.

☐ 명확한 목표와 올바른 마인드셋을 갖추면 긍정적이고 건설적인 행동 단계를 밟으면서 100만 달러를 모으는 데 동기부여가 된다.

☐ 욕망은 돈을 모으는 목적에 직접적인 영향을 미친다. 생활방식을 구체적으로 설정하면 돈에 대한 필요를 줄이거나 늘릴 수 있다.

☐ 백만장자의 순자산만으로 억만장자의 라이프스타일을 기대하지 마라. 대신 시간과 건강 면에서 억만장자가 되려고 노력하라.

☐ 백만장자가 되려고 하는 나만의 궁극적인 목적과 동기를 파악하라.

☐ 더 큰 부를 쌓기 위한 구체적인 목적을 열 가지 이상 적어라. 그리고 가장 중요한 세 가지에 동그라미를 쳐라.

☐ 나이, 근로 연수, 소득에 따른 순자산 목표를 자산 축적의 지침으로 활용하라. 이러한 접근 방식은 순자산 목표를 연간 총소득의 배수로 설정함으로써 더 큰 강제력을 띤다. 경제적 자유를 당설할 수 있도록 평균 총소득의 열 배를 모으자.

☐ 최대 행복과 경제적 필요의 균형을 맞출 수 있는 이상적인 수입을 계산해라. 지출 예산을 살펴보고 모든 지출을 완전하게 충당하기 위해 필요한 세후 소득을 계산해야 한다. 그다음 저축과 투자를 위해 필요한 세후 소득에 20%를 가산해라.

☐ 현재 보유하고 있는 순자산을 총소득의 평균으로 나눠라. 그렇게 나온 값을 순자산 목표 차트에서 자신의 나이, 근로 연수에 해당하는 소득의 배수와 비교해라. 순자산을 더욱 늘리기 위해 이를 수입, 저축, 투자 목표를 조정하는 기준으로 활용해라.

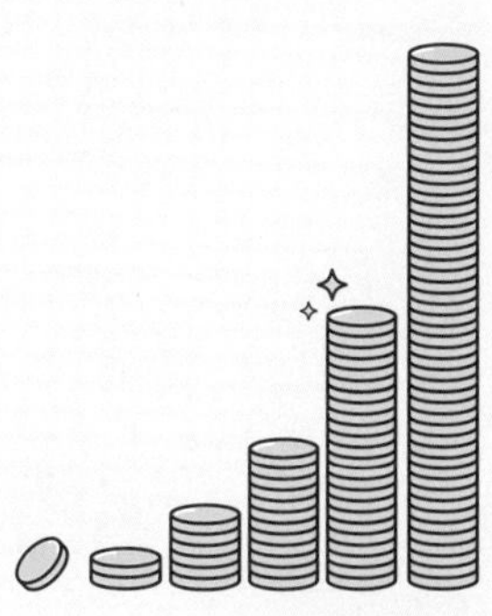

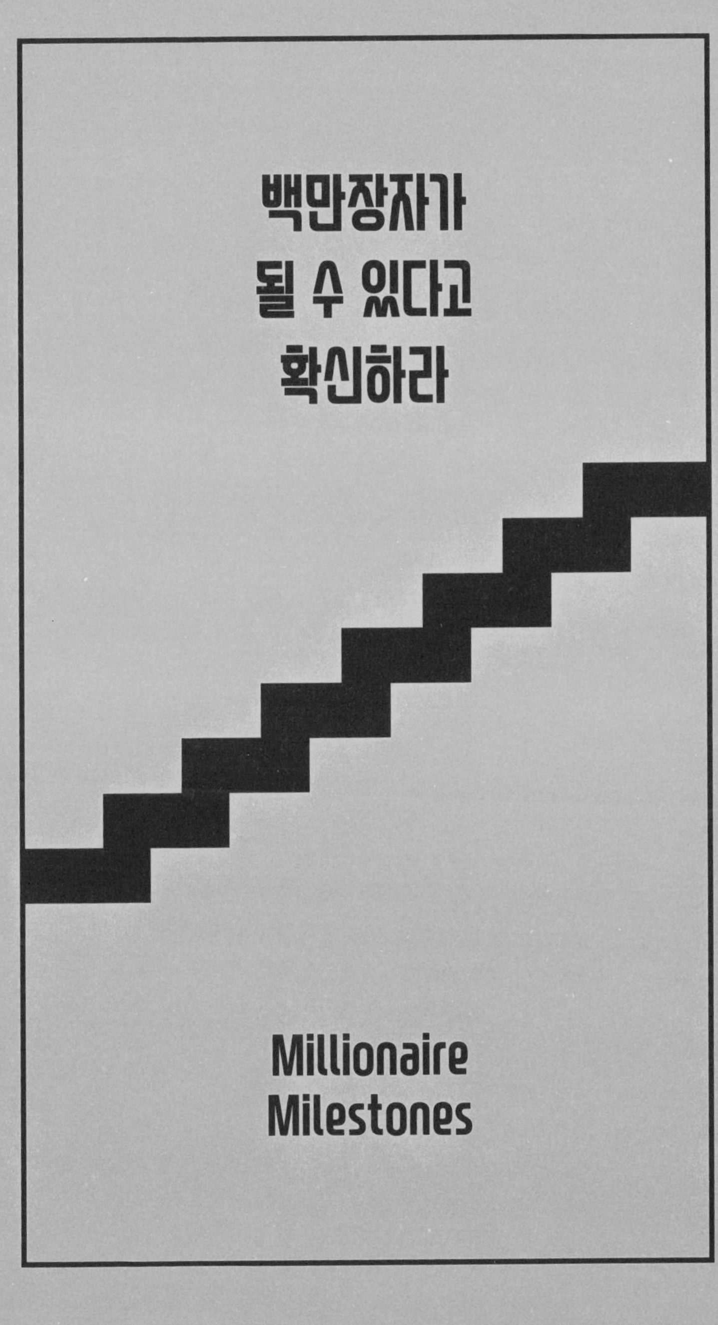
백만장자가
될 수 있다고
확신하라

Millionaire
Milestones

　　백만장자라는 말을 들으면 뭐가 떠오르는가? 백사장이 내려다보이는 발코니에 앉아 커피를 홀짝이는 백발의 노인이 떠오를 수도 있고 유명 배우나 프로 운동선수가 생각날 수도 있을 것이다. 어떤 모습을 상상하든 당신은 이미 수백만 달러를 가진 부자라고는 짐작조차 할 수 없는, 백만장자들을 수도 없이 무심코 지나쳤다.

　백만장자는 더 이상 희미한 달빛 아래에서만 모습을 드러내는 전설 속의 생명체가 아니다. 세계적인 투자은행 UBS가 2024년에 발표한 〈세계 부자 보고서Global Wealth Report〉에 따르면 2022년 말 기준 전 세계 백만장자의 수는 5900만 명 이상이다.[1] 이는 전 세계 성인 인구의 약 1%에 해당한다.[2] 미국 연방준비제도이사회(이하 연준)가 2023년에 발표한 〈소비자 금융 조사 보고서Survey of Consumer Finances〉에 따르면 물가상승률을 반영한 미국 가구당 순자산 평균은 106만 달러로 2019년 대비 23% 증가했다.[3] 평균적인 미국 가정은 100만 달러를 보유하고 있으며 그중 일부는 1인 가구다. 물론 평균값보다 대표성이 높은 가구당 순자산의 중간값은 19만 2000달러에 불과하다.[4] 여기서 질문이 있다. 당신은 중간이 되고 싶은가, 평균이 되고 싶은가, 아니면 평균 이상이 되고 싶은가?

전체적인 부가 증대된 결과, 전 세계 자산 상위 1%에 속하려면 1인 기준으로 대략 110만 달러가 필요하다.[5] 그러나 미국으로만 한정하면 1인 기준 1100만 달러 이상을 가지고 있어야 상위 1%에 속한다.[6] 높은 투자 수익과 인플레이션의 영향으로 전 세계 백만장자의 수가 사상 최고 수준에 도달했다. 2030년이 되면 미국의 가구당 순자산 상위 1% 기준은 1500만 달러 이상이 될 것으로 보인다.

이 정도 속도의 성장세가 계속될지 궁금할지도 모르겠다. UBS는 전 세계 백만장자의 수가 오히려 점점 더 빨리 늘어나 2027년까지 8600만 명에 이를 것으로 추정하고 있다.[7]

당신에게도 기회가 있다

이렇게 놀라운 통계치를 나열하는 이유는 당신 역시 백만장자가 될 수 있다는 사실을 깨닫길 바라기 때문이다. 낡아빠진 자동차를 몰고 다니는 겸손한 이웃부터 계좌에 800만 달러를 쌓아놓은 주유소 관리인까지, 사람들은 매일 조용히 부자가 되고 있다. 당신도 가능하다![8]

성공하려면 자신의 능력을 믿는 동시에 절약하는 태도가 필요하다. 그 누구도 내 은행 계좌에 돈을 넣어주지 않으며 경제적으로 잘못된 결정을 내릴 때 막아주지 않는다. 가지지 못한 것에 불평불만을 늘어놓으면서 가만히 있어선 안 된다. 너무 많은 사람이 자기 연민에 빠져 인생을 허비한다. 그보다는 주어진 시간과 에너지를 최대한 활용해 부자가 될 수 있다고 믿어야 한다.

이제 미국 가구당 순자산의 평균값이 중간값보다 5.5배나 많다는 사실을 알았다면 중간값이 되고 싶은지 평균값이 되고 싶은지 자문해보자. 나는 가능한 한 평균을 훨씬 웃도는 사람이 되고 싶다. 이 책을 집어 든 걸 보니 당신도 그럴 것 같다. 보통 사람들은 재무관리에 관한 책을 읽지 않는다. 그들은 소파에서 감자칩을 먹으며 하루에 세 시간씩 텔레비전을 본다. 특별한 삶을 살려면 군중심리에 휩쓸리지 말고 평균을 뛰어넘어야 한다.

2009년 파이낸셜 사무라이를 시작한 이래 구독자들에게 늘 미국의 평균 순자산과 중위 순자산을 모두 넘어서는 것을 목표

● UBS에 따르면, 2024년 기준 한국은 세계에서 열 번째로 백만장자가 많은 나라인데, 그 수가 130만 1000명에 달한다. 또한 하루에 새로운 백만장자가 14명씩 생겨나고 있다. 한편 국가데이터처 추산으로 한국에서 자산 상위 1%는 45~50억 원을 가지고 있다.

로 삼으라고 조언해왔다. 한 번뿐인 인생, 최선을 다해 사는 편이 낫지 않겠는가.

당신이 백만장자가 될 확률

기울어진 운동장에서는 모두에게 똑같은 기회가 주어지지는 않는다. 따라서 엄청난 의지력으로 목표를 향해 나아가야 한다. 사는 지역의 중위소득도 큰 영향을 미친다. 그 외에도 살펴봐야 할 다른 중요한 요소들은 무엇이 있을까?

재무관리에 대한 관심

지금까지 나의 조언하에 지난 15년 동안 공격적으로 저축과 투자를 감행해 순자산 100만 달러를 달성한 사람들이 엄청나게 많은 이메일을 보내왔다. 이들은 좀 더 일찍 재무관리에 눈을 떴더라면 좋았을 것 같다고 말했다. 하지만 아예 발견하지 못하는 것보다는 늦게라도 발견하는 편이 낫다.

파이낸셜 사무라이의 구독자들은 다른 사람들보다 백만장자가 될 가능성이 더 크다. 자산을 관리하는 방법에 대해 끊임없이 들으면 당연히 그럴 수밖에 없다. 구독자들은 매일같이 재무관리에 대한 지식을 배우고 공유한다. 그들은 더 이상 힘들게 번 돈을 잃을까 봐 투자를 망설이는 대신 역사적으로 가치가 상승해온 위험 자산에 투자한다. 하지만 다른 사람들은 어떨까? 연준에서 발표한 자료를 바탕으로 미국에서 백만장자가 될 확률을 살펴보자.

교육 수준

교육 수준이 높을수록 백만장자가 될 확률이 높아진다. 변호사, 의사, 고위급 임원, 엔지니어, 과학자와 같은 고소득 직종일수록 더 높은 교육 수준을 요하는 경우가 많으므로 당연한 결과다. 다만 무료 온라인 학습과 단기 전문 과정들이 늘어나면서 대학 학위의 가치는 서서히 떨어지고 있다.

다만 미국에서는 인종이라는 변수까지 고려해야 한다. 대학 교육을 받은 미국 중년층 중에서 아시아계(미국 전체 인구의 약 7%)와 백인계(미국 전체 인구의 약 59%)는 백만장자가 될 확률이 각각 22.3%와 21.5%에 달한다. 하지만 히스패닉계(미국 전체 인구의 약 19%)와 흑인계(미국 전체 인구의 약 14%)는 백만장자가 될 확률이 7%도 되지 않는다.[9]

이러한 차이는 어떻게 설명할 수 있을까? 첫 번째 해답은 복리다. 복리는 흔히 세계 8대 불가사의라 불린다. 복리를 이해하면 큰돈을 벌 수 있지만 이해하지 못하면 이자를 물어야 한다. 당신의 조상이 더 많은 돈을 벌고, 더 많은 땅을 소유하고, 더 오랫동안 투자에 성공했다면 그렇게 하지 못한 사람들보다 당연히 더 부유해졌을 것이다.

두 번째 해답은 유유상종이다. 사람은 자신과 비슷한 부류의 사람을 챙기는 경향이 있다. 다수에 속하면 성공할 기회가 그만큼 더 많이 주어진다. 돈과 권력을 쥔 사람은 그 부를 자기 사람들에게 공유하려고 하기 때문이다.

내가 아시아 주식 부서에서 일하던 당시 홍콩 시장을 담당했던 부서장은 영국 출신 백인이었다. 그는 런던과 뉴욕 사무소의 책임자를 영국 출신 백인으로 뽑았다. 그가 회사를 떠나자 한국인이 새로운 부서장이 되었다. 그러고 나서 런던과 뉴욕 사무소의 기존 책임자들은 해고되었고 한국인 두 명이 그 자리를 대신했다. 이것이 우연일까? 물론 아니다.

사람들이 의도적으로 차별하지는 않을 것이다. 그저 누구나 자신과 배경이 비슷한 사람들과 친구가 되고 서로 돕는 것을 여러 번 목격했을 뿐이다. 당신이 속한 사회 집단과 직장을 둘러봐라. 장담컨대 태즈메이니아 출신의 상사가 새로 오면 갑자기 태즈메이니아 출신 동료들이 훨씬 더 많이 눈에 띄게 될 것이다. 새로운 상사가 여성이라면 여성 직원들이 더 많아질 가능성이 크다. 다양성을 강조하는 기업이라면 기업 내에 다양한 인종과 배경을 대표하는 사람들이 존재해야 한다. 소외되는 기분을 느끼고 싶은 사람은 아무도 없다.

이 같은 데이터의 결론은 첫째, 일자리를 찾을 때는 충분히 조사해서 신중하게 선택해야 한다. 타고난 인종은 바꿀 수 없지만 나를 밀어줄 만한 회사는 선택할 수 있다. 둘째, 교육 수준을 높이기 위해 신경 써야 한다. 대학을 졸업한 후에도 계속해서 공부하면서 미래에 투자하자. 더 많은 지식은 더 큰 부를 가져다줄 것이다.

연령

투자를 일찍 시작하면 할수록 백만장자가 될 확률이 높아진다. 복리 효과 때문이다. 워런 버핏은 열한 살이던 1942년에 투자를 시작했다.[10] 30대 초반에는 인플레이션 조정 후 현재 가치로 1000만 달러가 넘는 순자산을 보유한 백만장자가 되었다.[11]

이것도 정말 대단한 업적이지만 버핏은 재산의 대부분을 만 50세 이후에 쌓았다. 그는 56세에 억만장자가 되었으며, 66세에는 165억 달러, 72세에는 357억 달러, 84세에는 670억 달러, 93세에는 약 1360억 달러를 소유하게 되었다. 그리고 지금까지 600억 달러 이상을 기부했다. 정말 대단하다.

여러 연구에 따르면 인종에 관계없이 백만장자가 될 확률은 61세까지 계속 높아진다.[12] 그 시간을 현명하게 사용해 가능한 한 최선의 재무 결정을 내리자.

당신은 반드시 백만장자가 될 것이다

통계를 참고하되 비율에는 너무 신경 쓰지 않는 편이 좋다. 만약 재무관리에 관심이 있다면 먼저 현금 흐름을 관리하고 부지런히 투자하며 계획한 목표를 좇아라. 그러면 약 75%의 확률로 백만장자 클럽에 가입할 수 있을 것이다. 중요한 것은 마인드셋이다. 항상 긍정적인 마음가짐으로 공부하면서 부가 쌓이는 것을 지켜봐라. 당신은 할 수 있다. 백만장자가 되는 것? 완전히 가능하다.

 # 백만장자의 비밀 노트

☐ 무슨 일이 있어도 자신의 능력을 믿어라. 당신의 비밀 병기는 돈에 대한 확고한 믿음과 자신감 그리고 긍정적인 마인드셋이다. 내가 나를 믿지 않으면 나를 믿을 사람은 아무도 없다.

☐ 전 세계 백만장자의 숫자는 향후 몇 년 동안 매년 8%씩 증가할 것으로 예상된다. 2027년에는 무려 8600만 명이다.

☐ 이제 가장 친한 친구에게 이 사실과 함께 미국에만 2400만 명이 넘는 백만장자가 있다는 통계치를 알려줘라. 이는 전 세계 백만장자의 39%에 해당하는 숫자다.

☐ 그 친구에게 백만장자가 되기로 결심했다고 알려 스스로 책임감을 부여하고 친구에게도 함께하자고 권해라.

☐ 포스트잇이나 메모용 카드, 화이트보드 등에 "나도 백만장자가 될 수 있다!"라고 적어서 매일 볼 수 있는 곳에 놓아두어라. sales@ financialsamurai.com으로 사진을 보내면 나의 뉴스레터나 금융 사이트에 소개될 기회도 얻을 수 있다.

2부
행동하기

경제적 자유로 직행하는 8단계 은퇴 이정표

"자산이 늘지 않는다면 사실상 뒤처지는 것이다"

절약과 저축은 부자가 되는
필요조건이지, 충분조건이 아니다.
그다음 부의 이정표를 따라
계속해서 자산을 불려나가야 한다.
자, 여기 내가 직접 경험하고 검증한
평생 부자 되는 8가지 방법을 소개한다.
여기에는 급여 관리, 퇴직연금 운용, 주식과 부동산 투자,
소규모 창업 등에 관한 현실적인 조언이 가득하다.
기대하라, 부의 연쇄효과가 시작된다!

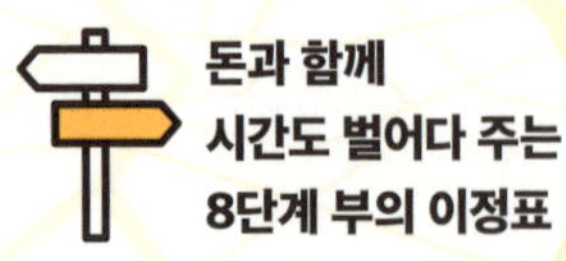

1단계 저축

작은 눈송이가 뭉쳐지며 거대한 눈덩이가 되듯이, 저축하지 않으면 백만장자가 될 수 없다. 그렇다면 얼마나 저축해야 할까? '저축률 공식'을 활용해 각자의 상황에 최적화된 답을 찾아보자. 잊지 말자. 더 많이 저축할수록 더 빨리 은퇴할 수 있다!

2단계 주식과 채권

백만장자가 되기 위해선 투자로 자산을 불려야 한다. 가장 좋은 방법은 주식과 채권에 분산 투자하는 것이다. '연령별 황금비'에 맞춰 배분하면, 안정적인 현금 흐름, 리스크 관리, 수익 극대화를 모두 누릴 수 있다.

3단계 퇴직연금

주식 투자에 비하면 퇴직연금 운용은 따분하게 느껴질지 모른다. 하지만 퇴직연금만 자동 납입해도 '복리 효과'로 자산 증식 속도가 점점 빨라진다. 최소한 매년 세액 공제를 받을 수 있는 한도까지는 퇴직연금을 납입하자.

4단계 부동산

부의 이정표에서 가장 중요한 것이 바로 부동산 투자다. 부동산은 위험과 보상이 비례하지 않는 자산이다. 즉 투자 위험은 적으면서도 이익은 크다. 단 여기에는 조건이 있다. '최소 5년'은 보유해야 한다. 부동산은 투기성 자산이 아니다!

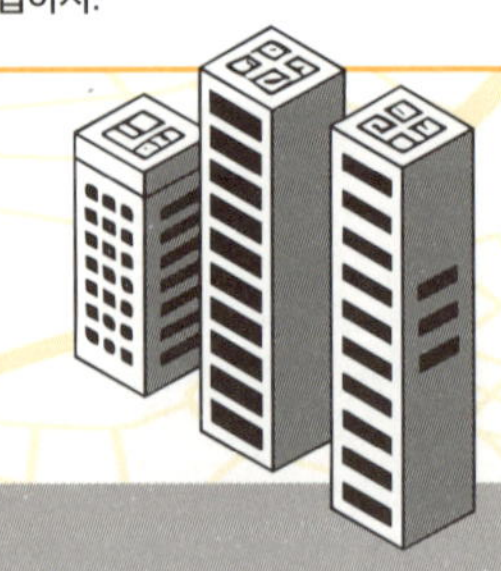

8단계
결혼

마음이 맞는 파트너와 가정을 꾸리려 할 때 '경제관념'을 간과해선 안 된다. 둘이 힘을 합친다면, 더욱 수월하게 은퇴할 수 있다. 백만장자를 만나는 것도 좋지만, 함께 백만장자가 되는 것이 더 좋다.

7단계
환경

소득이 높은 지역에서 살면 백만장자가 될 가능성도 커진다. 더 좋은 회사와 더 좋은 인맥, 더 좋은 기회가 있기 때문이다. 거주비가 걱정된다면, '지리적 차익'을 고려해보자. 돈이 흐르는 곳으로 가라!

6단계
생활 습관

단순히 자산을 잘 굴린다고 백만장자가 되는 것은 아니다. 하루아침에 공든 탑을 무너뜨리는 일상 속 '8가지 실수'를 조심하자. 결국 백만장자처럼 사는 사람만이 백만장자가 될 수 있다.

5단계
소규모 창업

하루라도 빨리 백만장자가 되고 싶다면, 한 가지 수입원(대개 임금)에만 의존해선 안 된다. 시간이 없다는 핑계는 접어두고 소규모 창업에 나서보자. 블로그 운영만으로도 충분하다. '머니 파이프라인'은 많을수록 좋다.

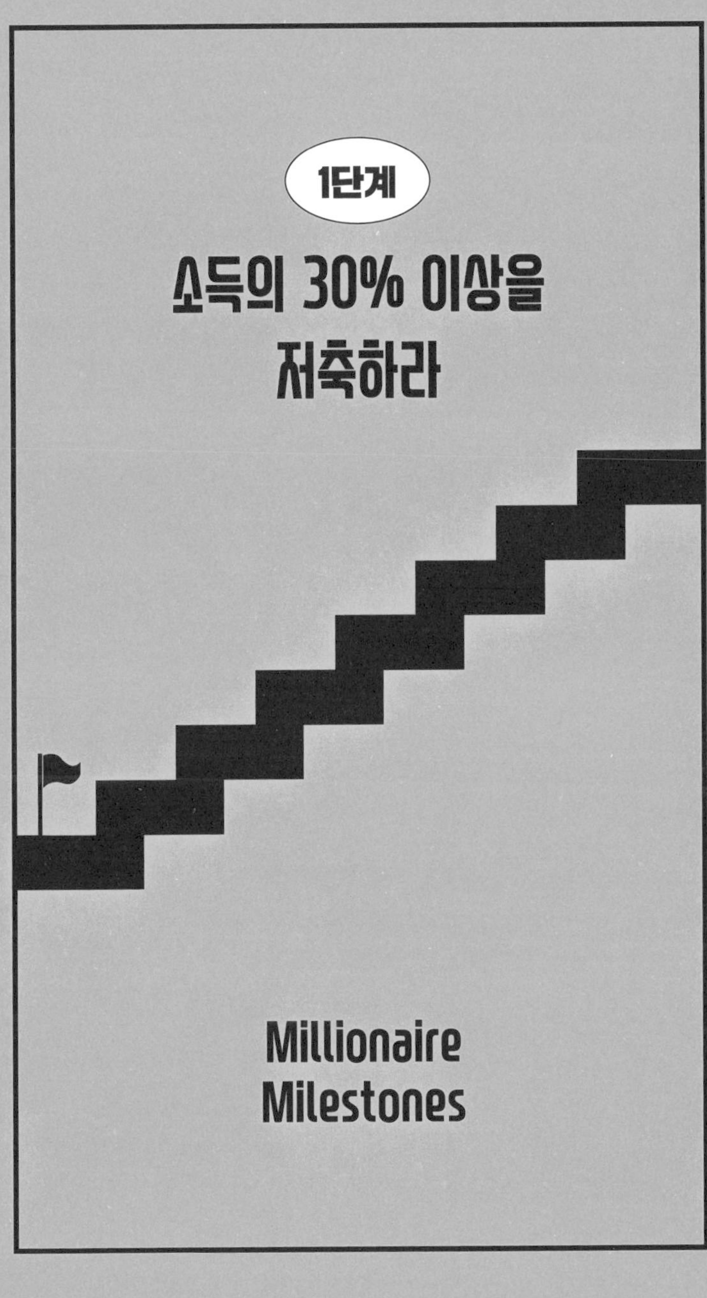
1단계
소득의 30% 이상을
저축하라
Millionaire
Milestones

매달 저축하는 일이 괴롭지 않다면 아직 충분히 저축하고 있는 게 아니다. 치아 교정을 해본 사람이라면 교정기가 얼마나 불편한지 잘 안다. 아무리 맛난 음식이라도 입에 넣고 씹을 때마다 모든 이에서 엄청난 통증이 밀려온다. 지옥의 펜치 같은 교정기를 다 뜯어버리고 싶은 마음으로 이 고문이 하루빨리 끝나기만을 바라게 된다. 하지만 가지런한 치열을 위해서는 불편함, 시간, 인내가 필요하다. 저축도 마찬가지다. 더 큰 부를 축적하기 위해 한 걸음 더 나아가려면 불편을 감수하고 오랫동안 기꺼이 희생해야 한다.

총소득에서 지출 후에 저축하는 돈의 비율을 저축률이라고 한다. 이 비율이 달성하기 쉬울 정도로 너무 작아선 안 된다. 예산을 짤 때마다 지출을 최대한 줄이고, 더 많은 돈을 벌기 위해 노력해야 할 만큼 커야 한다.

저축하고, 투자하고, 견뎌라

백만장자가 되려면 생활이 불편해질 만큼 최대한 많이 저축하는 습관을 들여야 한다. 한마디로 저축에 '영끌'해야 한다. 그렇지 않으면 10년 정도 지났을 때 나도 모르게 통장이 텅 비게 된다. 반대로 충분히 높은 저축률을 유지하다 보면 순자산이 빠르게 늘어나면서 돈이 알아서 굴러가게 할 수 있다.

노동자들에게 고용 안정과 국민연금은 점점 더 과거의 유물이 되어가고 있다. 따라서 인생의 어느 단계에 있든 장기적인 재정 안정성을 우선시하는 것이 무엇보다 중요하다. 우리에게 게으름을 피우거나 과소비할 시간 따위는 없다. 소비 습관을 관리하고, 저축을 늘리고, 수입을 늘릴 수 있는 직업을 선택해야 한다. 이제 두려움에 정면으로 맞서 복리와 시간의 힘을 내 편으로 만들 때다. 자신의 재정을 아무 계획 없이 관리하는 사람이 너무 많다. 하지만 행동에는 의도가 필요하다.

그러면 마침내 당신이 원하는 결과를 얻을 수 있을 것이다. 그 과정에서 필요한 희생이나 노력은 무시한 채 스스로 부자가 될 자격이 있다고 맹신하는 사람들은 너무 빨리 지쳐서 보상을 얻지 못한다. 중도 탈락하는 것이다.

나를 구할 사람은 나밖에 없다

골드만삭스에서 일하기 시작한 지 한 달 만에 이 일을 평생 할 순 없다고 생각했다. 근무시간이 너무 길었고 극심한 스트레스에 시달렸다. 하지만 내가 선택한 인생이었다. 참고 견디든가, 때려치우고 나가야 했다. 결국 언젠가는 마음 편히 일을 그만둘 수 있도록 가능한 한 많은 돈을 모으자고 결심했다.

첫째, 저축률을 높이기 위해 입사 첫 해에는 고등학교 때 친구와 함께 원룸에 살았고, 이듬해에는 직장 동료와 함께 창문이 없는 또 다른 원룸에서 살았다. 어차피 집에 거의 있지도 않았으므로 굳이 월세를 더 내야 할 이유가 없었다.

둘째, 식비를 아끼기 위해 매일 저녁 7시를 넘겨서 퇴근했다. 그래야 구내식당을 무료로 이용할 수 있었기 때문이다. (남은 음식을 집에 싸 들고 올 때도 있었다.) 밤에 놀러 나갈 일이 생기면 10달러가 넘는 칵테일 값을 아끼기 위해 외출 전에 집에서 값싼 맥주를 마시며 미리 파티 분위기를 띄웠다.

그렇게 해서 격주로 나오는 급여와 보너스를 모았고 기본급 4만 달러 중 50% 이상을 저축했다. 인색할 만큼 절약하는 삶이었지만, 덕분에 수십 년이 지난 지금까지도 공격적으로 저축하는 습관이 남아 있다.

나는 마흔 살까지 백만장자가 되고 싶었기 때문에 목표를 달성하기 위한 가장 쉬운 길을 택했다. 바로 저축률을 높이는 것이었다.

변명은 필요 없다

코로나19 팬데믹 이전의 일이다. 파이낸셜 사무라이의 구독자인 프랭크가 매년 세후 소득의 10% 이상을 저축하는 것은 불가능하다고 이메일을 보내왔다. 그는 내가 설정한 순자산과 저축률 목표치에 대해 "현실을 몰라도 너무 모른다"라며 화를 냈다. 이런 피드백은 경제적으로 더 나아지려고 노력하지 않는 사람들이 자주 보낸다.

하지만 팬데믹이 강타하고 프랭크의 삶은 완전히 바뀌었다. 그는 나와 똑같은 방식으로 지출을 줄였다. 프랭크는 3년 사귄 여자친구 엘레나에게 자발적인 격리 공동체인 '팬데믹 팟pandemic pod'을 꾸리고 월세를 반씩 부담하자고 제안했다. 엘레나는 집세로 한 달에 2,400달러를 내고 있었다. 두 사람은 이 덕분에 월세뿐 아니라 식비, 교통비, 유흥비도 절약할 수 있었다.

먼저 데이트비와 식비, 주류비를 합쳐 월 500달러를 줄였다. 외출할 때는 차 대신 자전거를 이용하기로 했고 그 결과 또 월 200달러를 절약하게 되었다. 나아가 두 사람은 음식 배달 같은 잡일을 부업으로 하면서 월 1,000달러를 추가로 벌었다.

프랭크의 저축률은 10%에서 50%로 크게 올랐다. 그렇게 2년 동안 저축률을 유지한 뒤 프랭크는 다시 이메일을 보내왔다.

"저축하지 못하는 이유에 대해 변명하지 않고 나서야 비로소 저축하게 되었습니다. 감사합니다."

위기가 닥쳐 어쩔 수 없이 변화해야 할 때까지 기다리지 마라. 당장 오늘부터 달라지면 언젠가 악재가 닥쳐올 때 더 잘 대비되어 있을 것이다. 생활비를 줄여 25만 달러라는 첫 번째 목표를 달성하는 여정에 시동을 걸어보자.

저축률은 백만장자가 되겠다는 마음가짐에 따라 달라진다. 내일 일은 알 수 없으므로 '인생은 오직 한 번뿐You Only Live Once'이라는 욜로의 사고방식에 따라 살기로 했다면 그것도 이해할 수 있다. 다만 그런 삶 때문에 미래에 예상보다 가난해질 수 있다는 사실 역시 받아들여야 한다.

'나는 부자가 될 자격이 있다'고 되뇌인다고 해서 돈이 은행 계좌에 저절로 들어오지는 않는다. 그러나 확고한 신념으로 돈을 벌고, 저축하고, 투자하면 마침내 그 일은 현실이 될 것이다.

저축률과 소비율의 관계

저축률은 재무관리에서 특히 신경 써야 하는 가장 중요한 숫자다. 저축률이 높을수록 백만장자가 될 가능성이 커지고, 저축률이 낮을수록 백만장자가 될 가능성은 작아진다.

재무관리에 관한 글에서 저지르는 가장 흔한 실수는 '저축률saving rate'을 '저축 이자율savings rate'로 잘못 쓰는 것이다. 저 작은 's' 하나로 두 단어의 뜻이 달라진다. 그렇다면 저축률과 저축 이자율은 무엇이 다른가?

저축률은 개인이 돈을 저축하는 비율을 말한다. 예를 들어, 연소득이 10만 달러이고 그중 4만 달러를 저축한다면 저축률은 40%다.

저축 이자율은 예금계좌에 적용되는 이자율을 의미한다. 예를 들어 4만 달러를 연 4.0%의 저축 이자율이 적용되는 예금계좌에 넣는다고 해보자. 그리하면 1년 후 1,600달러의 이자 수입을 얻게 된다. 결국 저축 이자율에 따른 추가 수익을 극대화하려면 저축률 자체가 높아야 한다.

저축률은 총소득에서 총지출을 뺀 가처분소득을 총소득으로 나눈 값에 100을 곱한 것이다.

$$\text{저축률(\%)} = \frac{\text{(총소득 - 총지출)}}{\text{총소득}} \times 100$$

반대로 소비율은 총소비를 총소득으로 나눈 값에 100을 곱한 것이다.

$$\text{소비율(\%)} = \frac{\text{총소비}}{\text{총소득}} \times 100$$

소비율이 90%라면 저축률은 10%다. 소비율과 저축률을 더하면 100%가 되어야 한다. 따라서 소비율이 40%밖에 안 된다면 저축률은 60%나 된다는 말이다. 이 수식은 저축을 늘리는 편이 쉬운지 소비를 줄이는 편이 쉬운지 결정할 때 도움이 된다. 저축과 소비는 동전의 양면과 같아서 상호작용하며 영향을 주고받는다. 저축과 소비의 이러한 의존성을 이해하면 소비 습관과 저축 습관을 더 잘 통제할 수 있다.

가장 쉽게 저축하는 방법은 소득의 일정 비율을 떼어놓은 다음 나머지만으로 소비하는 것이다. 소득이 발생했을 때 401k, 개인 퇴직연금 계좌인 IRA, 일반 과세 증권 계좌 등으로 자동이체가 되도록 설정해놓으면 쉽게 실천할 수 있다. 할부 결제 같은 소비자 부채를 지지 않는다는 전제하에 저축부터 강제하면 과소비를 걱정하지 않아도 된다.

다만 저축률을 제대로 끌어올리려면 일정 비율을 저축한 후에도 더 적게 소비하고 더 많이 투자하도록 노력해야 한다. 소비를 좋아하는 사람이라면 투자도 소비의 한 형태라고 자신을 속여봐라. 그러다 보면 시간이 지남에 따라 더 많이 투자할 수 있을 것이다.

궁극적인 목표는 너무 힘들어서 더 이상은 못하겠다고 생각할 때까지 저축률을 높이는 것이다.

비율 방식이 고정 금액 방식보다 낫다

매달 일정 금액을 저축하라는 낡은 사고방식은 쓰레기통에 갖다 버려라. 대신 소득의 일정 비율을 저축해라. 전자의 경우, 시간이 지나도 저축액이 늘어나지 않고 계속 그대로다.

따라서 소득에 대한 비율로 저축하는 방식이 더 낫다. 이 방식은 얼마나 저축해야 하는지 어림잡지 않아도 되므로 경제적 스트레스가 줄어든다. 일하랴 집안일하랴 매일이 바쁠 때도 굳이 신경 쓸 필요가 없다.

연봉이 인상되었는가? 잘됐다! 저축액도 자동으로 상향 조정되었다. 반대로 이직, 근무시간 단축, 이혼 등으로 소득이 감소할 때는 자동으로 하향 조정된다. 연봉 인상은 지출을 그대로 유지

한다는 가정하에 저축률을 높일 수 있는 좋은 기회다.

예를 들어, 현재 세후 소득은 10만 달러이고, 저축률은 10%라고 해보자(즉 매년 1만 달러를 저축한다). 이후 직장에서의 성과 목표를 달성해 세후 소득이 11만 달러로 인상되었다. 여기에 저축률 10%를 적용하면 연간 저축액은 1만 1000달러로 늘어나고, 따라서 연간 1,000달러를 더 저축하게 된다. 그러나 인상된 1만 달러 중 아직 9,000달러가 남아 있다. 지출을 그대로 유지해서 9,000달러를 전부 저축한다면 저축률이 28%로 올라간다.

몇 년 뒤에 세후 소득이 15만 달러가 되었다고 해보자. 소비를 연 9만 달러로 계속 유지한다면 저축액은 6만 달러로, 저축률은 40%까지 올라간다. 이제 매년 세후 소득의 40%를 저축하면 경제적 자유를 1년 가까이 앞당길 수 있다. 더 빨리 부자가 되려면 연봉 인상 후에도 지출을 일정하게 유지하거나 심지어 더 낮춰 저축률을 높이는 것이 좋다. 미래를 위해 더 많이 투자할수록 경제적 목표를 빠르게 달성할 수 있다.

가장 합리적인 저축률은 어느 정도일까?

저축률의 한계를 시험해본 적이 없다면 지금이 기회다. 합리적인 목표 저축률을 계산하려면 먼저 자신이 사는 나라의 평균 저축률을 알아야 한다. 백만장자가 되고 싶다면 그보다 월등히 높은 목표를 세워야 한다.

세인트루이스연방준비은행이 발표한 자료에 따르면 2024년 미국의 평균 저축률은 3.5%에도 미치지 못했다.[1] 이에 비해 1960년대부터 1980년대까지 미국의 평균 저축률은 10%를 웃돌았다.

저축률이 5%일 경우 1년 치 생활비만큼의 순자산을 축적하려면 약 20년 동안 저축해야 한다. 최근의 낮은 저축률을 고려하면, 미국의 중위 순자산이 19만 3000달러에 불과하며, 대부분의 미국인이 비상금 5,000달러도 없어 70대까지 일해야 한다는 사실이 그리 놀랍지 않다.[2]

두려워하라, 그러면 자유로워질 것이다

누구든 원한다면 더 많이 저축할 수 있다. 팬데믹이 확실한 예다. 2020년 1월 미국의 평균 저축률은 7.2%였다.[3] 그런데 2020년 4월에는 이 수치가 무려 33.8%까지 치솟았다.

2020년 이전까지 나는 매달 세후 소득의 최소 20%는 저축해

● 한국은행에 따르면, 우리나라의 가계순저축률은 2024년 기준 8%다. 1960년대부터 1980년대까지의 평균은 9%를 웃돌았다. 가계순처축률이란 간단히 말해 가처분소득 중에서 소비(세금, 사회보험료 등 포함)에 쓰지 않고 저축한 금액의 비율이다.

야 한다고 권했다. 그렇게 하면 세후 소득이 10만 달러일 경우 5년마다 1년 치 생활비를 모을 수 있다. 약 40년간 일하고 60세쯤이되면 적어도 10년 치 생활비를 모아놨을 것이고, 이 돈은 사회보장연금을 받기 전까지는 충분한 은퇴 자금이다.

요즘에는 소득의 30% 이상을 저축하라고 권한다. 왜일까? 더이상 핑계를 댈 수 없어졌기 때문이다. 팬데믹 기간 중 소득의 30% 이상을 저축한 사람이 많아졌다. 미국의 중위 순자산 19만 3000달러보다 자산이 다섯 배 이상 많은 백만장자가 되고 싶다면 적어도 이 이상을 저축해야 한다.[4]

불평하기 전에 저축 기간에 집중해보자. 가령 저축률을 20%에서 30%로 올리면 30년을 일했을 때 약 13년 치 생활비를 모을수 있다. 이에 비해 저축률을 20%로 유지할 경우에는 50년을 일해야 비슷한 생활비를 모을 수 있다. 저축률을 높이면 일해야 하는 기간이 20년이나 줄어드는 것이다! 20년 더 일찍 자유를 얻는다니 얼마나 가치 있는 일인가.

다음 표는 저축률 증가의 효과를 보여준다. 백만장자가 되기위해 필요한 최소한의 저축률은 30%다. 하지만 저축률을 50%까지 달성하면 마법이 일어나기 시작한다. 매년 1년 치 생활비를 저축하게 되기 때문이다. 단순히 세후 소득의 30%를 저축하는 것이 아니라 그 전액을 투자에 쓸 수 있게 된다. 즉 복리 효과로 번영을 가져올 부의 씨앗을 뿌리고 있는 것이다. 그 결과 일을 그만두기로 결심했을 때 그동안 열심히 준비해온 경제적 자유를 누리 게 될 것이다.

경제적 자유를 위한 저축률

*세후 소득 10만 달러 기준

단위: 년

저축률	저축액 (달러)	연간 소비 (달러)	1년 치 생활비를 모으는 기간	10년 저축으로 생활비를 충당하는 기간	20년 저축으로 생활비를 충당하는 기간	30년 저축으로 생활비를 충당하는 기간
5%	5,000	95,000	19.00	0.53	1.05	1.58
10%	10,000	90,000	9.00	1.11	2.22	3.33
15%	15,000	85,000	5.67	1.76	3.53	5.29
20%	20,000	80,000	4.00	2.50	5.00	7.50
25%	25,000	75,000	3.00	3.33	6.67	10.00
30%	30,000	70,000	2.33	4.29	8.57	12.86
35%	35,000	65,000	1.86	5.38	10.77	16.15
40%	40,000	60,000	1.50	6.67	13.33	20.00
45%	45,000	55,000	1.22	8.18	16.36	24.55
50%	50,000	50,000	1.00	10.00	20.00	30.00
55%	55,000	45,000	0.82	12.22	24.44	36.67
60%	60,000	40,000	0.67	15.00	30.00	45.00
65%	65,000	35,000	0.54	18.57	37.14	55.71
70%	70,000	30,000	0.43	23.33	46.67	70.00
75%	75,000	25,000	0.33	30.00	60.00	90.00
80%	80,000	20,000	0.25	40.00	80.00	120.00
85%	85,000	15,000	0.18	56.67	113.33	170.00
90%	90,000	10,000	0.11	90.00	180.00	270.00

■ 이 표에는 여섯 가지 전제 조건이 있다. ① 고등학교나 대학 졸업 후 일을 시작한다. ② 수익률은 연 0%다. ③ 투자 수익은 은퇴 후부터 발생한다. ④ 사회보장연금은 70세부터 받는다. ⑤ 노란색 상자는 은퇴 가능한 시점이다. ⑥ 소득이 없는 기간에 초점을 맞춰라.

백만장자의 비밀 노트

생각해볼 것

☐ 더 많이 저축하고 투자하지 못하는 가장 큰 핑계를 떠올려보고 그것이 부를 축적하는 데 어떻게 방해가 되는지 생각해보라.

☐ 경제적 자유를 얻기 위해 감내했던 모든 불편과 희생을 되돌아봐라.

해야 할 것

☐ 백만장자가 되기 위해 기꺼이 희생하겠다고 자기 자신과 약속하라. 결심을 굳히기 위해 앞에서 적은 부자가 되고 싶은 동기를 다시 살펴봐라.

☐ 저축 방식을 고정 금액 대신 소득 대비 비율로 저축하는 유동적인 방식으로 전환하라.

☐ 월 가처분소득(총소득에서 총지출을 뺀 금액)을 계산한다.

☐ 월 가처분소득을 월 총소득으로 나누어 현재 개인 저축률을 계산한다. 나온 값에 100을 곱해 백분율로 나타낸다.

☐ 저축률을 30%로 높이기 위해 노력해라. 30%는 60세까지 백만장자가 되고 싶다면 달성해야 할 최소 저축률이다. 이를 위해서 저축률을 매달 1~2%씩 늘려라. 30%에 도달해도 멈추지 말고 계속 나아가라. 저축률이 50%라면 1년 저축할 때마다 1년씩 자유를 사는 것과 같다.

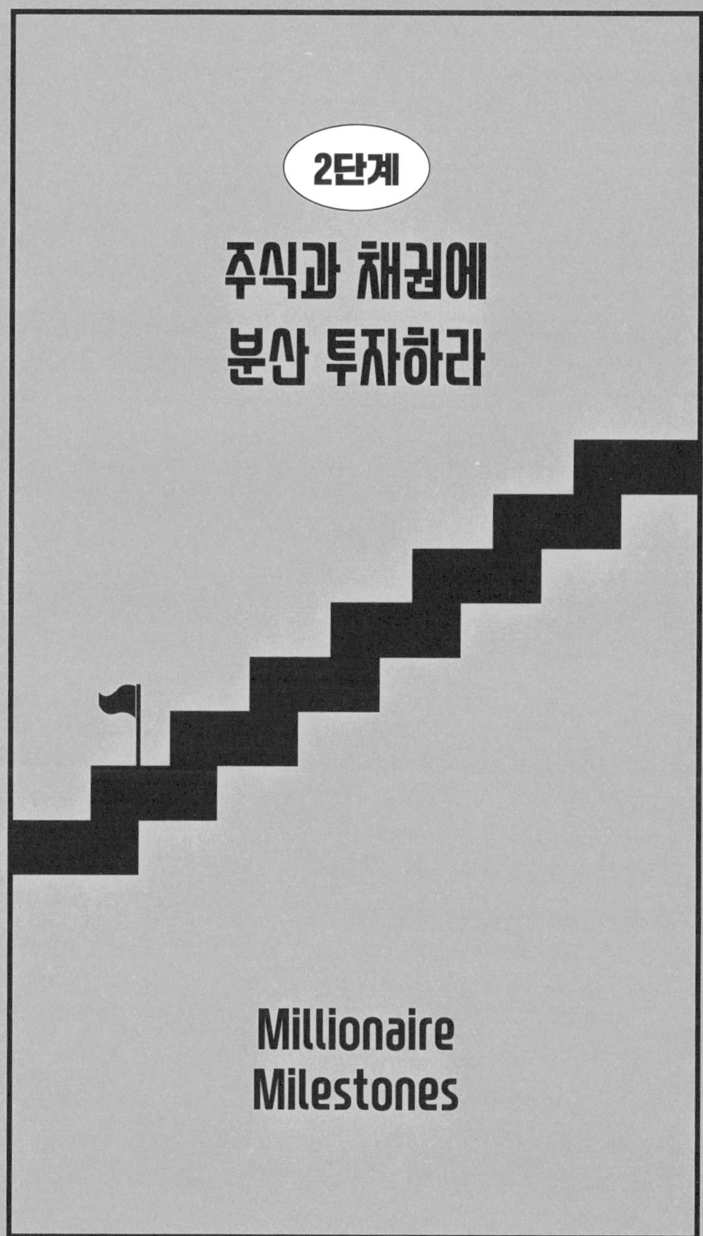
2단계
주식과 채권에
분산 투자하라
Millionaire
Milestones

나는 40세가 되는 2017년쯤이면 돈을 물 쓰듯 쓸 만큼 소득이 크게 늘어날 줄 알았다. 하지만 안타깝게도 2008년의 세계금융위기로 소득은 절반으로 줄었고, 2010년과 2011년에 잠깐 회복되었지만 2012년 회사를 그만두면서 다시 80% 가까이 감소했다.

소득이 대폭 줄어들자 지출 역시 크게 줄여야 했다. 다행히 약 200만 달러의 준유동자산에서 연간 약 8만 달러의 투자 소득이 발생해 이 돈으로 생활이 가능했다. 직장 생활을 하는 아내 덕분에 비상 상황이 생기면 아내의 급여로 메꿀 수 있었고 의료보험 혜택도 어느 정도는 받을 수 있었다.

3년이 지나서야 금융 사이트 운영, 온라인 재무 컨설팅 등으로 직장에 다닐 때와 비슷한 수준의 소득을 올릴 수 있었다. 그 무렵 35세였던 아내는 퇴직금을 협상하고 퇴사해 나와 함께 반은퇴 생활을 시작했다. 프리랜서 소득은 은행에 다니면서 버는 소득보다 불안정했기 때문에 나는 불로소득을 늘리기 위해 계속 저축하고 투자했다.

소득은 있다가도 없어진다. 순자산은 소득보다는 고정적이지만 그 증가 속도가 시간이 지나면서 더뎌진다. 따라서 우리가 해야 할 일은 명확하다. 가능한 한 빨리 그리고 자주 순자산을 늘리는 것이다.

순자산 증가가 제1원칙인 이유

순자산을 늘릴 때는 소득을 증가시킬 때보다 더 세심한 관리가 필요하다. 소득을 늘리는 방법은 비교적 간단하다. 열심히 일하고, 경험을 쌓고, 능력을 인정받고, 좋은 기회를 찾아 이직하고, 좋은 직원이 되는 것. 이렇게 하면 대개 시간이 지나면서 소득이 높아진다.

순자산을 늘리는 일은 훨씬 더 복잡하다. 자산을 잘못 배분하면 큰 손실을 입고 10년쯤 뒤처질 수 있다. 너무 많은 부채를 지거나 신용거래(증권사에서 돈을 빌려 주식을 매수하는 것)를 하면 하락장에서 순자산이 증발할 수도 있다. 역설적이지만 현금을 너무 많이 보유하고 있어도 장기적으로 더 가난해진다. 현금은 수익률이 낮은 데다 쉽게 써버리고 싶은 마음이 들기 때문이다.

소득이 높은 사람은 많다. 하지만 이들 중 다수가 순자산을 늘리려고 노력하지 않아 계속 일해야 한다. 다행히 당신은 아니다. 근로소득에 대한 의존도가 낮아질수록 더 안정적으로 행복하게 살 수 있다. 일단 경제적 독립을 이루면 내가 하고 싶은 일에 매진할 수 있다.

다음은 근로소득보다 순자산을 늘리는 데 집중해야 하는 주된 이유 다섯 가지다.

① 세금은 주로 소득에 매겨진다

미국에는 누진세 제도가 있다. 소득이 증가할수록 정부가 세금으로 떼는 비율이 높아진다는 의미다. 만약 최고 소득세 구간에 도달했고 캘리포니아주, 뉴저지주, 뉴욕주처럼 세금이 높은 지역에 산다면 이후에는 1달러를 벌 때마다 약 50%를 세금으로 내게 된다.

주당 40~80시간을 일해서 번 돈의 절반을 정부에 내고 싶은가? 나는 아니다. 연방정부의 소득세율이 24%만 넘어가도 굉장히 크게 느껴지는데 그다음 구간에서는 32%로 뛰어오른다.[1] 게다가 주 소득세, 지방세, 사회보장세까지 내야 할 수도 있다.

● 우리나라의 과세표준에 따르면 연봉이 8800만 원을 초과할 경우 35%, 3억 원을 초과할 경우 40%, 10억 원을 초과할 경우 45%의 세율이 적용되지만 소득공제와 세액공제 과정을 거치면서 대체로 이보다 낮게 세금을 지불한다.

그러나 미혼이고, 급여 소득이 없으며, 투자 포트폴리오에 들어 있는 100만 달러로 연간 4만 달러의 수익을 얻는다면 이에 대한 세금을 내지 않아도 된다. 4만 달러는 자본이득세율 0% 구간에 있기 때문이다. 투자 소득의 100%를 챙길 수 있다는 것은 멋진 일이다. 순자산이 300만 달러에 이르고 여기에서 연 12만 달러의 불로소득이 창출된다고 가정해보자. 미혼이라면 장기 자본이득세 15%만 내면 된다. 이에 비해 12만 달러가 전부 근로소득이라면 연방정부의 소득세율 24%를 적용받는다.[2]

② 장기적인 부의 마인드셋을 키우게 된다

고소득을 올리는 데만 초점을 맞추면 시간을 팔아 돈을 벌게 된다. 그러나 100만 달러 이상의 순자산을 축적하는 데 집중하면 시간을 팔지 않고도 부를 키울 수 있다.

진짜 부자는 자기 사업을 운영하는 사람이거나 다른 사람의 사업에 지분을 갖고 있는 사람이다. 이들의 순자산은 기업 지분이 차지하는 비중이 높아짐에 따라 성장한다. 주주는 급여만 받는 직원보다 기업을 더욱 깊이 분석하고 장기적 관점에서 경영에 관심을 갖는다.

우리나라에서 주식을 매도할 때 내는 양도소득세는 소액주주의 경우 비과세다. 다만 비상장주식, 장외거래, 해외주식은 소액주주도 양도소득세를 지불하며, 해외주식의 경우 1년간 손익을 통산해 250만 원 초과분부터 22%의 세율이 적용된다.

이정표를 설정할 때 부의 축적에 초점을 맞추면 자연스럽게 대대로 물려줄 부를 쌓게 된다. 5년짜리 투자를 하는 대신 20년 후를 내다보고 부동산이나 AI 회사에 투자하겠다고 마음먹을 것이다. 지금 기회를 놓치면 20년 후에 자녀들에게 변명해야 할지도 모른다. 조부모님이 놓쳤던 과거의 값싼 부동산과 주식들을 떠올려봐라.

부자가 된다면 내가 일찍 사망한다고 해도 자녀들이 여유롭게 살 수 있다는 사실에 마음이 놓일 것이다. 물론 아이들이 알아서 자립한다면 좋겠지만 내가 갑자기 세상을 떠나도 문제가 없을 만큼 충분한 재산이 있다는 것은 매우 큰 위안이 된다.

③ 순자산은 더 쉽게 숨길 수 있다

순자산을 왜 숨겨야 하는가? 나와 내 가족의 평화, 안전, 사생활을 지키기 위해서다. 사람들은 당신이 부자라는 것을 알면 좋든 나쁘든 당신을 대하는 태도가 달라진다. 돈 때문에 위험한 일에 휘말릴 수도 있다.

순자산은 다양한 기업과 투자처에 분산할 수 있다. 따라서 순자산의 진짜 규모는 근로소득보다 계산하기가 훨씬 어렵다. 급여는 하나지만 순자산은 25개 계좌에 나누어져 있을 수도 있다.

오지랖이 넓은 사람들은 집이나 자동차처럼 눈에 띄는 자산으로 누군가의 재산을 추측하기도 한다. 하지만 부를 과시하지 않고 절제된 생활을 하는 스텔스 웰스stealth wealth를 실천한다면 순자산은 절대 노출되지 않는다. 우리의 목표는 다른 사람들이 모르게 부자가 되는 것이다.

부자들은 늘 어느 정도 반감을 산다. 손가락질받기 쉬운 업계에서 일하며 고소득을 올리는 것보다 불로소득으로 순자산을 쌓는 것이 가족과 나의 정신 건강을 지키는 데 더 도움이 된다.

④ 과소비의 유혹이 줄어든다

미국에서 근로소득은 보통 격주로 지급된다. 급여가 들어올 때마다 소비 욕구가 생기는 것은 당연하다. 특히 고액 연봉을 받는 것은 온종일 굶다가 부엌에서 갓 구운 쿠키가 가득 담긴 쟁반을 발견하는 상황과 같다. 인내심이 강한 사람만이 쿠키를 외면할 수 있다! 소득이 높으면 불필요한 물건을 잔뜩 사들여 집을 잡동사니로 가득 채울 때도 있다.

순자산은 근로소득보다 유동성이 떨어진다. 라스베이거스에서 친구들과 흥청망청 놀겠다고 당장 내일 부동산을 팔아버릴 수는 없지 않은가. 부동산을 매도하려면 준비에만 적어도 한 달의 기간이 필요하고, 매수자를 찾고 거래를 마무리 짓는 데도 몇 달이 걸린다. 정기예금은 만기 전에 인출할 경우 중도인출 수수료가 붙는다. 사모펀드는 보통 5년에서 10년의 베스팅vesting 기간을 두는데, 이때는 자금 회수가 제한된다. 주식과 특정 채권은 매도하기는 쉽지만 수익금이 계좌에 들어오기까지 보통 3영업일이 걸린다. (그런데도 쉽게 매도할 수 있다는 점 때문에 개인 투자자들의 수익률은 대체로 장기 인덱스 펀드 투자자들의 수익률보다 낮다.)

순자산을 넣기는 쉽지만 빼기는 어려운 금고라고 생각하자. 금고에 돈을 오래 보관할수록 더 부유해질 것이다.

⑤ 더 큰 안정감을 준다

안정감이야말로 순자산을 키우는 데 집중해야 하는 가장 큰 이유일지도 모른다. 사람마다 차이는 있겠지만 대부분 목표 소득을 달성했을 때보다 목표 순자산에 도달했을 때 더 큰 안정감을 느낀다. 소득은 있다가도 없어지지만 순자산은 관리만 제대로 하면 영원하다. 지속적인 불로소득을 창출하는 순자산 덕분에 당신과 당신의 가족은 평생 경제적 안정을 누릴 수 있다. 일단 목표 순자산에 도달하면 위험을 줄이는 것이 핵심이다.

팬데믹 이후 연준이 금리를 인상했을 때, 30년 만기 국채의 수익률은 연 5%를 웃돌았다. 당시 인플레이션은 3.5%였다. 30년 동안 100만 달러의 순자산을 쌓아서 5만 달러가 넘는 수익을 얻는다면 안정감이 느껴지지 않겠는가? 이제 정년을 보장하는 직장은 거의 없다. 우리가 가진 에너지와 기회는 시간이 흐르면서 당연히 사라진다.

원금은 그대로 두고 투자 소득만으로 생활할 수 있을 만큼 순자산을 키우자. 이로써 대대로 이어지는 부를 만들어내자.

공격적 투자에서 보수적 투자로

순자산의 규모가 커질수록 재정관리에 더욱 자신감이 붙는다. 하지만 성장주의 가치가 순식간에 폭락할 수 있듯이 순자산의 증가로 지나치게 자신감을 갖는 것은 위험하다. 은퇴하고 몇 년 안에 하락장을 경험하고 순자산의 20~50%가 사라지는 경험을 피하고 싶다면 목표 순자산에 가까워질수록 더 보수적으로 바뀌어야 한다.

다음 표를 살펴보자. 이 표는 연령에 따른 자산 배분 비율을 보여준다. 주식과 채권의 두 가지 자산군으로 이루어진 포트폴리오에서 채권은 나이와 같은 비중을 둔다. 대체로 채권은 주식보다 하락 위험이 낮다. 따라서 순자산에서 채권 비중을 높이면 하락장에서 순자산이 감소할 가능성도 낮아진다.

물론 주식과 채권 외의 투자처도 훨씬 많다. 부동산이 대표적이다. 부동산에 대해서는 '4단계'에서 다룰 것이다. 부동산은 채권과 비슷하지만 한 단계 높은 투자 유형이다. 여기서 '한 단계 높다'라는 말은 채권과 비슷하지만 상승 잠재력은 더 크고 하락 잠재력은 더 적다는 뜻이다. 부동산과 채권은 금리 하락 시 둘 다

연령별 주식과 채권 배분 비율[3]

*전통적인 모델

나이(세)	주식(%)	채권(%)
0~20	100	0
30	70	30
35	65	35
40	60	40
45	55	~ 45
50	50	50
55	45	55
60	40	60
65	35	65
70	30	70
75+	25	75

가격이 올라간다는 점에서 성격이 비슷하다. 반대로 금리가 상승하면 채권과 부동산 가격은 하락하는 편이지만 반드시 그렇지는 않다.

개인적으로 나는 직장 생활을 하는 동안 부동산에 더 높은 비중으로 투자했다. 20~30대의 젊은 시절에는 리모델링으로 부동산의 가치를 높이고 이를 임대해 수입을 창출하는 과감한 방식을 선호했다. 하지만 지금은 두 명의 어린 자녀를 둔 아버지로서 실물 부동산에 대한 투자를 줄였다. 임대주택을 관리할 에너지가 없어졌기 때문이다.

온라인 비즈니스 자산을 제외한 나의 순자산은 다음과 같이 구성되어 있다. 이 비율은 시간이 지남에 따라 달라지겠지만 나의 위험 감수 능력을 반영한 자산 배분 비율 목표치에 거의 부합한다. 일반적으로 하나의 자산군이 순자산의 50% 이상을 차지하는 것은 권하지 않는다. 집중 위험concentration risk 때문이다.

- **50%**: 부동산(거주 주택 포함)

- **25%**: 배당주(S&P 500 포함)

- **15%**: 성장주(무배당)

- **5%**: 지방채와 국채

- **5%**: 벤처캐피털(비상장 성장 기업)

내가 보유한 순자산의 약 80%는 현금 흐름을 창출하면서 변동성이 낮은 투자 자산에 들어가 있다. 나머지 20%는 안정적인 수익을 창출하지 못하는 성장주와 벤처캐피털에 들어가 있다. 더 많은 현금 흐름이 필요하다면 성장주에 투자하는 비중을 줄이는 대신 부동산, 배당주, 채권에 대한 투자 비중을 늘리면 된다. 마치 영화감독처럼 자신의 비전에 따라 순자산을 배분할 수 있는 것이다.

현금 흐름을 높이는 다른 방법들

이처럼 중요한 현금 흐름을 어떻게 더 늘릴 수 있을까? 몇 가지 방법이 있다.

- 수익률이 높은 투자 자산, 예를 들어 5% 이상 수익률을 보장하는 국채에 투자한다. 연장선에서 NOBL, 즉 25년 이상 배당금을 늘려온 우량 기업들로 구성된 S&P 500 배당귀족지수S&P 500 Dividend Aristocrats를 추종하는 ETF에 투자한다.
- 업무 성과를 달성해 현 직장에서 연봉을 높인다.
- 다른 회사로 이직하면서 연봉을 높인다.
- 재택근무를 한다면 부업을 갖는다(취업 규칙을 확인하고 조심스럽게 시도해야 한다).
- 한동안 보유 부동산의 임대료를 올리지 않았다면 시장 가격에 맞춰 인상한다.
- 부동산을 늘리거나 리모델링해 임대료 수입을 높인다.
- 금리가 높을 때는 채권과 일정 기간마다 수익이나 이자를 받을 수 있는 인컴 펀드에 투자한다.
- 제품을 제작해 온라인이나 오프라인에서 판매한다.
- 전문 지식을 바탕으로 컨설팅을 하거나 개인 레슨을 한다.

- 부동산을 담보로 돈을 빌려주는 단기·고금리 대출업에 뛰어든다.

고금리 시기는 현금 흐름을 키우고 싶은 사람들에게는 좋은 기회다. 예를 들어, 금리가 연 5%일 때 10만 달러는 5,000달러의 이자 소득을 창출하지만, 금리가 연 2%일 때는 고작 2,000달러의 이자 소득밖에 창출하지 못한다. 이때는 소비하기보다는 저축하고, 투자하며, 돈을 빌려주는 사람이 되어야 한다.

반대로 저금리 시기에는 더 높은 수익을 기대할 수 있는 다소 위험한 자산에 투자해야 한다. 저금리 환경에서는 안전한 수익을 포기하고 위험 자산에 투자했을 때의 기회비용이 낮으므로 더 큰 위험을 감수해도 된다.

이해를 돕기 위해 예를 들어보면, 고금리 환경에서 안전한 채권의 연평균 수익률이 20%라고 해보자. 이 채권을 보유하지 않기로 했을 경우 기회비용은 20%의 수익이다. 따라서 투자자는 그보다 높은 수익을 올릴 수 있다고 판단하지 않는 한 주식과 같은 위험 자산에 투자하기를 꺼릴 것이다. 손실을 볼 수 있다는 점을 감안하면 확정 수익률 20%보다 더 높은 위험 프리미엄을 고려해야 한다. 그러나 저금리 환경에서 안전한 채권의 연평균 수익률이 2%에 불과하다면 이 채권을 보유하지 않기로 했을 때의 기회 비용 또한 낮다. 과거 S&P 500의 연평균 수익률이 10%인 상황에서 2%의 확정 수익률을 제공하는 채권은 상대적으로 덜 매력적이었다. 이런 경우 더 빠르게 돈을 모으기 위해서는 그 이상의 수익률을 기대할 수 있는 주식시장이나 기타 다른 자산에 투자하는 편이 낫다.

소득과 연애하고 순자산과 결혼하라

결국 언젠가는 근로소득이 끊길 날이 올 것이다. 벌어놓은 돈을 가능한 한 많이 남겨놓도록 최선을 다해야 한다. 소득이 높을 때는 절약하면서 저축률을 높이고, 소득이 낮을 때도 허리띠를 조이면서 저축률을 최대한 높게 유지하자.

순자산을 최대한 많이 모아서 생활비만큼의 불로소득을 창출하는 것을 목표로 삼아야 한다. 순자산을 나이나 건강에 영향받지 않는 영구적인 기반이라고 생각해라. 인생의 흥망성쇠 속에서 현명하게 자산을 지키고 성장시키며 앞으로 다가올 수십 년, 나아가 몇 세대까지 내다봐야 한다. 순자산은 평생의 기반이다. 책임감을 가지고 키워나가자.

 # 백만장자의 비밀 노트

☐ 더 높은 연봉을 받는 것보다 100만 달러 이상의 순자산을 쌓는 데 집중해라.

☐ 부의 마인드셋을 가지고 기업가와 주주처럼 투자 대상을 종합적·장기적인 관점에서 바라봐라. 5년이 아닌 20년을 내다봐야 한다.

☐ 호황기에 부풀려진 순자산에 속지 마라. 현금 흐름은 객관적이지만 순자산은 주관적이라는 사실을 명심해야 한다. 순자산은 그 구성에 따라 크게 달라질 수 있다. 당신이 1000만 달러짜리라고 생각하는 피카소 그림이 진짜 그 가치라고 누가 장담할 수 있겠는가? 그 그림을 팔 때에야 비로소 시장이 그림의 진짜 가치를 판별해줄 것이다.

해야 할 것

☐ 어느 정도의 경제적 자유에 도달하려면 연평균 총소득의 열 배에 해당하는 순자산을 쌓아야 한다. 이것을 이루고 나면 최종적으로 총소득의 20배에 해당하는 순자산을 쌓기 위해 더 많이 저축하고 투자하며 절약해야 한다.

☐ 현재와 미래의 예상 연 소득에 적용되는 소득세율과 자본이득세율을 조사하자. 정부는 자산보다 소득에 더 많은 세금을 부과한다.

☐ 나와 가족의 사생활과 안전, 평화를 지키기 위해 스텔스 웰스를 실천해 순자산 규모를 숨기자.

☐ 현금 흐름을 높이기 위해 수익률이 더 높은 투자처에 투자하고, 부업을 하며, 이직해서 연봉을 높이는 등 다양한 전술을 쓰자.

☐ 할 수 있을 때 소득을 최대화하라. 근로소득을 높일 수 있는 기회는 영원하지 않다.

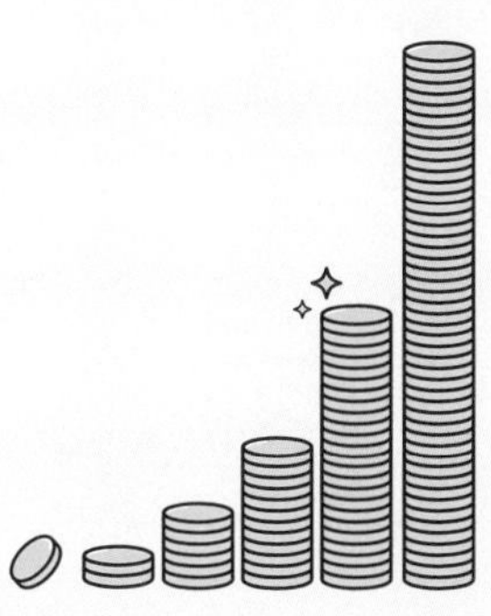

퇴직연금을 성실하게 운용하라

**Millionaire
Milestones**

관성의 법칙이라고도 알려진 아이작 뉴턴의 운동 제1법칙에 따르면 외부에서 힘이 작용하지 않는 한 정지해 있는 물체는 계속 멈춰 있으려 하고, 운동 중인 물체는 계속 움직이려 한다. 이 법칙이야말로 100만 달러 모으기의 키포인트다. 즉 작은 목표를 달성할 때 실천했던 저축과 투자 패턴을 반복하기만 해도 더 큰 목표를 이루게 된다.

먼저 1만 달러를 목표로 저축을 시작하자. 이렇게 작은 목표부터 설정하면 저축하고 투자하는 습관을 부담 없이 기를 수 있다. 이것이 가장 어려운 부분이다. 일단 습관이 들면 100만 달러를 모으겠다는 목표가 덜 어렵게 느껴질 것이다. 1만 달러를 모으고 나면 그다음에는 5만 달러, 10만 달러, 25만 달러로 목표를 높여라. 큰 부를 쌓는 핵심은 가능한 한 오랫동안 꾸준히 저축하고 투자하는 것이다. 그다음은 매년 커지는 투자의 복리 효과가 나타날 차례다.

모멘텀이 중요한 이유

나는 왜 100만 달러의 25%밖에 안 되는 25만 달러를 목표로 삼으라고 했을까? 25만 달러는 노력으로 모을 수 있는 의미 있는 돈이기 때문이다. 이러한 성취감은 100만 달러를 모을 때까지 포기하지 않고 계속해서 나아가게 하는 원동력이 된다.

예를 들어, 11년 동안 401k를 연간 최대 한도인 2만 3000달러씩 납입하면 개인 납입액만으로도 25만 달러를 모을 수 있다. 또한 50세 이상이 되면 추가 납입이 가능해지므로 목표에 더 빠르게 가까워질 수 있다. 더 좋은 점은 여기에 고용주 매칭, 배당금, 투자 수익 등 계좌를 키우는 다른 요소가 포함되어 있지 않다는 것이다. 401k 납입을 자동화하고 고용주 매칭을 최대로 활용하면 복리 효과로 자산 증가에 가속이 붙는다.•

이런 식으로 소득을 재배치하는 데 익숙해지려면 시간이 걸리겠지만 납입을 자동화해놓으면 정신적으로나 실무적으로 자유로워진다. 여력이 된다면 이미 세금이 공제된 돈을 다시 한번 굴리는 세후 투자 계좌after-tax investment account를 운용함으로써 모멘텀을 훨씬 더 잘 이용할 수 있다. 불로소득을 만드는 것이 경제적

• 우리나라는 취직 시 국민연금에 자동 가입되어 401k와 유사한 사적 연금 제도는 없으나, 퇴직연금을 DC형으로 가입할 경우 개인이 직접 포트폴리오를 짤 수 있다. 또한 개인 연금 저축에 가입하면 연 600만 원까지, IRP 계좌를 활용하면 연 900만 원(연금저축 납입액 포함)까지 연말정산 시 세액공제 혜택을 받을 수도 있다.

자유를 얻고 스트레스를 줄이는 열쇠다. 평소에 시간을 따로 들이지 않아도 자동으로 성장하기 때문이다.

지수 추종이 기본이다

S&P 500은 등장한 이래 연평균 수익률이 약 10%에 이른다.[1] 과거의 수익률이 미래에도 보장된다는 법은 없지만 그래도 역사적 수익률을 알아두면 좋다. 골드만삭스, 뱅가드, JP모건 등 일부 투자회사는 향후 10년에서 20년 동안 S&P 500의 수익률이 지금까지의 평균보다 현저히 낮아질 가능성이 있다고 전망했다.[2] 하지만 미래는 아무도 모른다. 투자 전문가들은 자주 실수하고 예측을 늘 바꾼다.

주식시장에 참여하는 가장 쉬운 방법은 SPY나 IVV같이 운용보수가 낮은 S&P 500 추종 ETF, 또는 VTSAXVanguard Total Stock Market Index Fund 같은 인덱스 펀드에 투자하는 것이다. S&P 500이 수익 구간에서 마감할 확률은 약 70%다.[3] 따라서 25만 달러 규모로 투자 포트폴리오를 구축할 경우, 연간 약 2만 5000달러의 수익을 얻을 가능성이 크다는 의미다.

어째서 1년에 2만 5000달러의 수익을 올리는 것이 중요할까? 이 돈은 강력한 안전망이자 시간과 노력 없이 수동적으로 투자 소득을 크게 올릴 수 있는 자본금이다. 이 책이 출간된 시점을 기준으로 2만 5000달러는 50세 미만 피고용자의 401k 연간 납입 한도를 초과하는 금액이다.[4] 이만큼의 투자 수익을 창출할 수 있다면 당신은 앞으로 키워나갈 강력한 포트폴리오의 기본을 구축한 것이다.

이것은 부를 쌓는 여정의 전환점이다. 이를 달성하면 자산을 쌓는 일에 강한 동기부여가 생긴다. 언젠가는 포트폴리오에서 연간 2만 5000달러의 수익을 얻고, 여기에 같은 금액을 추가해 그 규모를 연간 5만 달러 이상으로 키울 수도 있다.

연금 계좌만으로 누리는 복리의 힘

25세부터 401k를 매년 최대 한도로 납입했다고 가정해보자. 그리고 이후 8년 동안 납입 한도를 유지하면서 연 7%의 합리적인 수익률을 얻었다.[5] 짜잔! 33세에 당신의 401k는 25만 2494달러로 불어나 있을 것이다.

더 어린 나이에 401k를 시작했다면 33세에 거머쥐는 잔고는 이보다 훨씬 더 클 것이다. 하지만 그 나이에는 대부분 학자금 대출을 갚고 생활비를 충당하기에도 벅차다.

이제부터는 주식시장이 상승장에 진입했다고 가정해보자. 33세부터 10년간 당신은 연 7%가 아닌 연 10%의 수익률을 얻을 것이다. 이 기간 동안 마찬가지로 401k에 매년 2만 3000달러를 납입한다. 43세가 되면 계좌는 얼마가 되어 있을까?

복리 계산기를 두드려보면 무려 105만 8121달러로 불어나게 된다! 불과 10년 만에 포트폴리오의 가치가 네 배 이상 증가하는 것이다. 당신이 납입한 금액은 41만 4000달러(2만 3000달러×18년)로 전체 잔고의 39%에 불과하다. 즉 나머지 61%에 해당하는 64만 4121달러는 순전히 투자로 얻은 수익이며 당신이 가만히 있는 상태에서 혼자 커진 것이다. 자, 이것이 바로 모멘텀의 힘이다.

포트폴리오가 커질수록 모멘텀의 효과도 커진다

포트폴리오가 커지면 모멘텀의 효과도 커진다. 43세부터 향후 10년 동안에도 401k에 매년 2만 3000달러를 계속해서 납입하고, 이때의 연 복리 수익률은 10%라고 가정하자. 53세가 되었을 때 401k는 314만 7710달러로 불어나 백만장자를 훌쩍 뛰어넘는다! 심지어 43세에서 53세 사이에 401k를 전혀 납입하지 않더라도 연 복리 수익률에 따라 105만 8121달러는 274만 4493달러로 배 이상 늘어난다. 이 시나리오에서 25세부터 43세까지 납입한 41만 4000달러는 전체 잔고 274만 4493달러 중에 고작 15%에 불과하다.

자산을 일정 규모 이상으로 쌓으면 모멘텀이 알아서 굴러가게 되고 부는 자동으로 쌓인다.

1차 전환점: 25만 달러를 달성하라

백만장자가 되고 싶다면 첫 번째 목표로 25만 달러를 만들어라. 이것은 가장 중요한 이정표이므로 크게 동그라미를 쳐놓자. 일단 25만 달러를 모으면 잠재적 투자 수익이 401k의 최대 납입 한도를 초과하는 전환점에 이르게 된다.

이 전환점은 401k의 최대 납입 한도보다 약 열 배 많다. 여기에서 열 배를 상정한 것은 S&P 500의 연평균 수익률인 10%의 역수이기 때문이다. 즉 향후 401k의 최대 납입 한도가 3만 달러로 올라간다면 전환점도 30만 달러로 올라갈 것이다.

401k를 최대 납입 한도까지 채워놓는 사람들은 누적 적립금만으로 대부분 11년 안에 전환점에 도달한다. 여기에 합리적인 투자 수익률까지 더해지면 25만 달러에 더 빨리 도달할 수 있다. 빠르게 백만장자가 되고 싶다면 401k를 최대 한도로 납입하고 일반 증권 계좌, 부동산, 기타 위험 자산에도 투자해야 한다. 그리고 나면 25만 달러였던 포트폴리오가 얼마나 금방 100만 달러를

넘어서게 되는지 깜짝 놀랄 것이다.

많은 사람이 불로소득을 늘리는 대신 정년을 꽉 채워 회사를 다닌다. 우리는 다르다. 먼저 401k를 가능한 한 최대로 납입하는 것을 무조건 달성해야 하는 연간 이정표로 삼는다. 이 방식만으로도 일반적인 은퇴 연령에 백만장자가 될 수 있다. 심지어 59.5세 이후에는 401k에서 적립금 인출 시 10%의 페널티가 부과되지 않는다.

파이어를 목표하는 사람들에게 25만 달러라는 전환점은 '코스트 파이어Coast FIRE'의 시작점이 되기도 한다. 코스트 파이어란 파이어의 하위 유형으로, 과거 수익률을 기준으로 삼았을 때 최소한의 생활비를 충족할 만큼의 자산을 확보해 더 이상 은퇴 포트폴리오를 늘리지 않아도 되는 수준에 이른 것을 의미한다. 이제부터는 힘들이지 않고 파이어로 나아갈 수 있다. 하지만 코스트 파이어를 달성했다고 해서 안주하면 안 된다. 이 정도의 자산만으로는 생활비를 여유롭게 충당하지 못해 진정한 경제적 독립을 이루지 못할 것이다. 포트폴리오가 은퇴 시 필요한 금액에 도달하더라도 계속해서 늘려나가라. 60세 이전에 편안히 은퇴할 수 있는 유일한 길은 과세 대상 포트폴리오를 규모 있게 구축해서 여유로운 생활비만큼의 투자 소득을 창출하는 것이다. 코스트 파이어를 지금까지 온 길을 가늠하는 기준점으로 삼고 진정한 경제적 독립을 달성하기 위해 더 나아가길 권한다.

과세 대상 포트폴리오를 유지하기

401k, 또는 비과세 퇴직연금 계좌인 로스Roth IRA에서 59.5세 이전에 돈을 인출한다면 일반적으로 10%의 세금이 부과된다.[6] 하지만 25만 달러가 일반 증권 계좌에 들어 있다면 돈이 필요할 때 언제든 페널티 없이 원금을 인출할 수 있다.

인출률이 4~5%라면 1만~1만 2500달러를 인출하는 셈이다. 한 사람이 검소하게 살아가기에는 충분한 돈이지만 S&P 500의 연평균 수익률이 10%라는 점을 고려하면 25만 달러짜리 포트폴리오는 50% 이상의 확률로 1년에 2만 5000달러 이상의 수익을 안겨줄 것이다.

따라서 과세 대상 포트폴리오나 로스 IRA에서 세금이나 수수료를 지불하지 않고 원금을 인출할 수 있게 되더라도 그렇게 하지 않는 것이 좋다. 계좌가 수백만 달러 규모로 커질 때까지 복리 효과를 누릴 수 있도록 되도록 오랫동안 포트폴리오를 유지해야 한다. 모멘텀을 활용하는 것은 백만장자로 향하는 부의 이정표를 따르는 가장 쉬운 방법이다.

소득이 증가하면 일반 증권 계좌에 401k의 최대 납입 한도보다 많은 돈을 넣을 수 있다. 이렇게 하면 훨씬 더 큰 모멘텀이 생긴다.

조기 은퇴 후 언제든지 가용할 수 있는 불로소득을 만들기 위해서는 세금 혜택이 없는 대신 입출금이 자유로운 포트폴리오나 임대 수익을 얻을 수 있는 부동산을 마련해야 한다.

목표에 완전히 집중할 것

돌이켜보면 나는 금융계에서 40세가 될 때까지 5년 반을 더 일했어야 했다. 그랬다면 훨씬 더 많은 돈을 모으고 유급 육아 휴직도 쓸 수 있었을 것이다. 그러나 당시에는 지칠 대로 지쳐 있었다. 게다가 퇴직금으로는 최대 6년 치 생활비 정도만 충당할 수 있었다. 그래서 결단을 내리지 않으면 안 된다고 생각했다.

좋아하는 일을 일찍 그만두는 사람은 없다. 내가 쓴 최고의 글 '조기 은퇴의 어두운 면'이 전하는 핵심 메시지가 이것이다.[7] 자신의 천직을 찾지 못한 채 방황하다가 무작정 빠르게 은퇴해버리는 사람들이 너무나 많다.

25만 달러라는 지표는 중요하지만, 그렇다고 이쯤에서 자신을 속여 안주하지는 말자. 코스트 파이어라는 말은 경제적 독립을 추구하는 사람들에게 동기를 부여하기도 하지만, 아직 목표 달성까지 먼 길이 남았음에도 그저 기분을 좋게 만드는 감언이설이기도 하다. 돈에 관한 많은 것은 심리적인 문제다.

25만 달러라는 전환점에 도달했다고 해서 저축과 투자를 멈추지 말라는 뜻이다. 일이 정말 싫다면 안식년을 갖자. 아니면 회사 내에서 지루한 현재 업무 대신 열정을 쏟을 만한 새로운 직무를 찾아보자. 직업이 인생에 부정적인 영향을 미친다면 25만 달러를 모은 다음 회사를 그만두고 다른 일을 찾는 편이 나을 수도 있다. 돈이 있으면 시간을 더 효율적으로 쓸 수 있다.

2차 전환점: 최소 투자 자금 확보하기

다음 목표는 일이 필수가 아닌 수준에 도달하기 위한 최소한의 투자 자금을 모으는 것이다. 최소 투자 자금은 보유하려고 하는 위험 자산의 연평균 수익률을 확인한 다음, 그 역수에 연간 총소득을 곱하면 알 수 있다.

$$\text{투자 자금} = \frac{1}{\text{위험 자산의 연평균 수익률}} \times \text{연간 총소득}$$

예를 들어, 연간 총소득이 10만 달러이고 은퇴 자금 포트폴리오의 100%를 주식에 투자한다면 S&P 500의 과거 연평균 수익률인 10%를 기준으로 삼는 것이다. 10%의 역수는 10이므로 10만 달러에 10을 곱하면 100만 달러가 된다. 즉 주식 포트폴리오의 규모가 100만 달러가 되면 일을 줄이는 것을 고려할 수 있다. 월급은 적지만 더 즐겁게 다닐 수 있는 직장을 찾거나, 하고 싶었던 공부를 시작하거나, 자녀가 입학할 때까지 육아에만 전념할 수 있다는 뜻이다.

$$투자자금 = \frac{1}{0.10} \times 100{,}000 = 10 \times 100{,}000 = 1{,}000{,}000$$

주식, 부동산, 채권, 기타 위험 자산은 평균적으로 매년 약 75%의 확률로 수익을 낸다. 이렇게 일보다 투자로 더 많은 수익을 내기 시작하면 일은 별로 중요하지 않게 된다. 다만 위험 자산의 가치가 하락할 가능성도 있으므로 최소 투자 자금에 도달한 후에도 계속 저축하고 투자하는 것이 현명하다. 가장 이상적인 방식은 계속 부를 쌓으면서 진짜 좋아하는 일을 시작하는 것이다.

내가 설명한 최소 투자 자금 공식은 어떤 유형의 위험 자산에도 적용이 가능하다. 위험 자산의 과거 연평균 수익률을 확인하고 역수를 구해 이를 총소득에 곱하면 끝이다. 게다가 이 공식은 일반적으로 물가상승률에 따라 증가하는 소득과 이로 인한 더 높은 투자 수익률도 반영한다. 인플레이션에 대응하기 위해서는 1년에 한 번, 또는 소득이 바뀔 때마다 최소 투자 자금을 다시 계산하면 된다.

일단 일이 의무가 아닌 선택이 될 만큼 충분한 투자 자금을 모으면 삶이 만족스러워질 것이다. 회의와 마감일에 큰 스트레스를 받지 않게 되고, 직장 상사를 대하는 것도 불편하지 않을 것이다. 연차를 부담 없이 모두 소진하게 되고, 연봉 인상이나 승진을 위해 몸을 갈아 넣어 일하지 않아도 된다는 사실도 위로가 될 것이다. 그러니 계속 저축하고 투자해라! 카지노에서 이미 딴 돈으로 게임하는 것처럼 마음이 편해질 것이다.

 # 백만장자의 비밀 노트

생각해볼 것

- [ ] 투자가 처음이거나 투자를 시작하는 것이 불안하다면 S&P 500이 1년 동안 수익을 낼 확률이 약 70%에 가깝다는 사실을 떠올리자.

- [ ] 역사적으로 보유 기간이 길어질수록 투자에서 수익을 얻을 확률이 높아졌다는 사실을 참고해 자신감을 가지고 S&P 500에 투자해라. 수익을 얻을 확률은 5년 보유 시 약 79%, 10년 보유 시 88%, 20년 보유 시 100%에 이른다.[8]

- [ ] 401k를 최대 한도로 납입하는 대다수 사람은 납입금만으로도 11년 이내에 25만 달러의 전환점에 도달할 것이다.

해야 할 것

- [ ] 100만 달러라는 목표를 부담스럽지 않은 작은 목표로 쪼개라. 예를 들어, 1년에 1만에서 2만 달러를 저축하고 투자하는 것을 목표로 시작해라. 달성하기 쉬운 목표를 설정해야 지치지 않고 계속 노력하게 된다.

- [ ] 경제적 자유가 느껴지기 시작하는 전환점인 25만 달러를 달성하기 위해 미친 듯이 일하고 모아라. 일단 25만 달러를 모으고 나면 401k의 최대 납입 한도를 넘어서는 투자 수익이 생길 것이다.

- 401k를 가능한 한 빨리 최대 한도로 납입하고 계좌를 해지하지 마라.

- SPY나 IVV와 같은 저비용 S&P 500 추종 ETF, 또는 VTSAX와 같은 인덱스 펀드에 투자하라. 대부분의 액티브 펀드(시장 수익률을 상회할 목적으로 구성된 공격적 펀드) 매니저는 장기적으로 자신이 운용하는 펀드의 벤치마크 지수를 하회하는 수익률을 기록한다.

- 401k를 최대 한도까지 납부한 다음 여유 자금이 생기면 일반 증권 계좌에 돈을 넣어라. 그러면 원할 때 조기 은퇴하거나 안식년을 보낼 수 있을 것이다.

- 일을 선택 사항으로 만드는 최소 투자 자금을 계산하라. 이 이정표를 달성하면 원하는 일을 더 자유롭게 할 수 있다.

- 조기 은퇴를 원한다면 포트폴리오에서 창출되는 불로소득이 1년 치 생활비를 완전히 충당할 수 있을 때까지 포트폴리오를 키워라. 다만 중간에 납입을 중단하면 인플레이션 때문에 구매력이 줄어들 것이다.

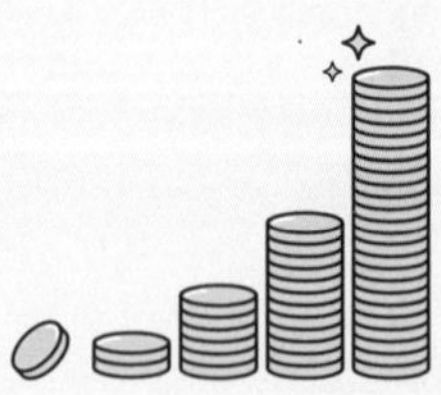

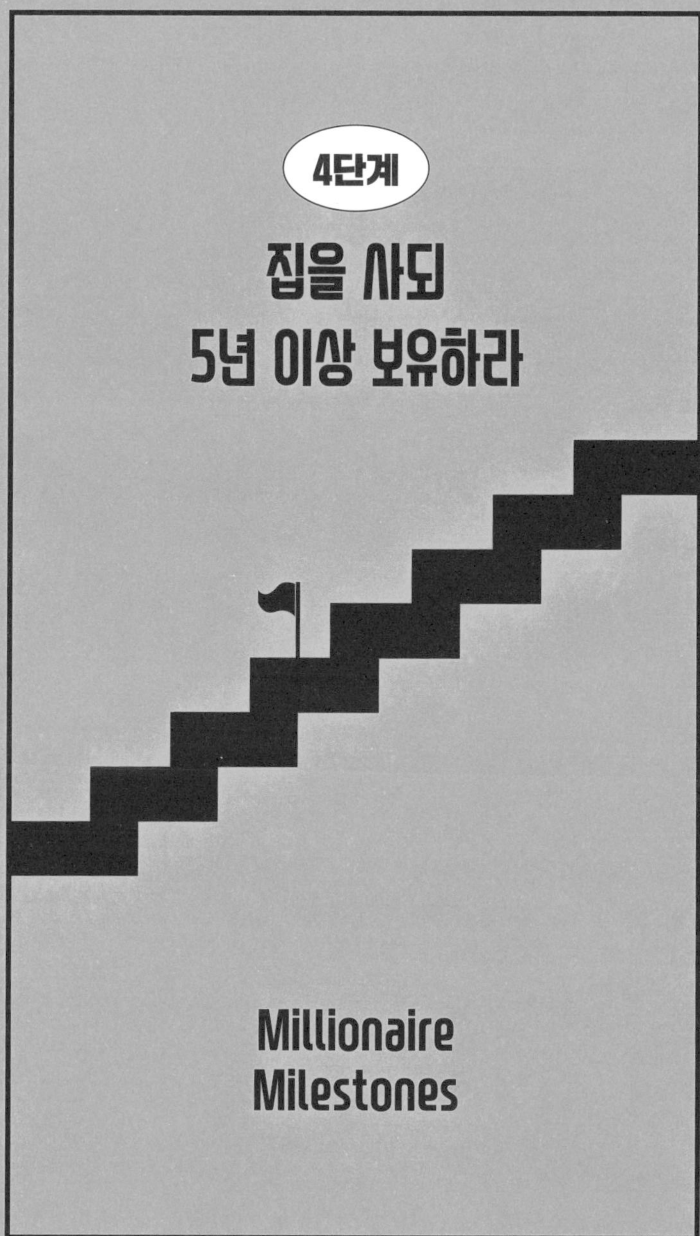

4단계
집을 사되
5년 이상 보유하라
Millionaire
Milestones

백만장자가 되기 위한 과정에서 실거주 주택 보유
는 그 어떤 이정표보다 중요하다. 인플레이션, 임대 소득의 증가,
자산 가격의 상승, 적당한 금리의 대출은 노동을 최소화하면서
부자가 되는 데 중요한 역할을 한다. 지난 수백 년 동안 부동산은
평범한 사람들이 부자에 이르는 주요 수단이었다. 현명하게 투자
하기만 한다면 이는 당신에게도 똑같이 적용된다. 대부분의 백만
장자가 부동산을 소유한 데는 다 이유가 있다. 부동산은 위험과
보상이 비례하지 않기 때문에 부를 축적하는 데 유리하다.

경제적 자유를 위한 핵심 변수

내가 34세에 일찍 은퇴할 수 있었던 결정적인 이유는 부동산
에 투자했기 때문이다. 직장을 그만두었을 때 내 투자 소득은 연

간 약 8만 달러 수준이었고, 그중 3만 6000달러가 2년 동안 실거주 한 뒤 임대로 전환한 평범한 가격대의 아파트 한 채에서 나왔다. 물론 세입자가 바뀌거나 여기저기 보수해야 하는 문제도 있었다. 누수가 발생했을 때의 일은 기억하고 싶지도 않다. 하지만 대체로 이 아파트는 경제적 안정을 위한 든든한 소득원이었다. 2015년에 주택담보대출을 완납한 후에도 그 아파트는 지금까지 계속 임대를 주고 있다.

부동산의 힘을 깨달은 나는 2005년에 한 채를 더 매수했다. 이번에는 단독주택이었고 그 집에서 2014년까지 살았다. 2008년의 세계금융위기 때는 불안하기도 했지만 결국 그 집에서 산 10년 동안 삶의 질이 높아졌다. 그 후 3년 동안 그 집을 임대해 월 5,000달러의 순수익을 벌었다.

임대업이 순탄하지만은 않았다. 두 번째 집은 3년간 20대에서 30대 초반의 남자 다섯 명에게 세를 놨는데, 그들은 파티를 자주 열면서 소란을 피우는가 하면 집을 망가뜨리고 월세도 늦게 지불했다. 원래는 그 집을 더 오래 가지고 있을 생각이었지만 2017년 아들이 태어났을 때 결국 팔았다. 아빠로서 받는 스트레스와 불안 때문에 집을 관리하는 시간을 최소로 줄이고 아들과 보내는 시간을 최대로 늘리고 싶었다. 그 집은 매수했을 때의 가격보다 80% 높은 가격에 팔렸는데, 수익금 전액은 주식, 채권, 부동산 사모펀드에 재투자했다.

부동산 투자자라면 누구나 이까짓 수익을 올리자고 이런 고생을 해야 하나 싶은 회의감을 느낄 때가 있다. 나이가 들며 더 바빠지고 더 부유해질수록 투자를 재조정해야 한다. 온라인을 통한 부동산 투자 기회가 늘어나면서 직접 관리하지 않고도 부동산에 투자하는 방법도 생겼다. 과거에 투자자들은 상장된 리츠(부동산 투자신탁)나 부동산 ETF에만 투자할 수 있었고, 이 상품들은 때로 S&P 500보다 변동성이 컸다. 그러나 부동산 공동 투자 플랫폼에 대한 규제를 완화하는 잡스법JOBS Act이 2012년 제정되면서 미국 전역의 다양한 부동산 프로젝트에 더 쉽게 투자할 수 있게 되었다.

인플레이션에 휘둘리지 않는 비결

부동산이 부를 축적하는 데 효과적인 이유는 위험과 보상이 비례하지 않기 때문이다. 정부는 주택담보대출 이자에 대해 세금을 공제하는 형태로 보조금을 제공하고, 실거주 주택을 매도할 경우 최대 25만 달러(부부는 50만 달러)까지 양도소득세를 면제해주며,* 대출을 무리하게 받아 집을 매수하더라도 정부가 종종 구제금융을 시행한다는 점을 생각하면 부동산에 투자하지 않는 것이 어리석은 일이다.[1]

정부 정책을 면밀히 살피면서 부동산과 관련된 모든 세금 혜택을 최대한 활용해야 한다. 또한 부동산은 장기적으로 인플레이션의 수혜를 입는 자산이다. 인플레이션이 높아지면 임대료와 부동산 가격이 함께 올라간다. 주거비 역시 소비자물가지수CPI에 포함되는 항목이므로 주거비 상승은 다시 인플레이션을 심화시키는 요인이 되기도 한다.

주택을 구매할 때는 인플레이션에 대비해 고정금리 주택담보대출을 받아야 한다. 인플레이션이 높아지면 담보대출 비용은 화폐가치 감소에 비례해 낮아지는 반면 주택 가격은 인플레이션과 함께 오르는 경향이 있기 때문이다. 이 두 가지 요인이 주택 소유자가 임차인보다 일반적으로 40배 더 부유한 이유 중에 하나다.[2]

게다가 부동산은 인플레이션에 대한 헤지 수단이 되기도 한다. 예상치 못한 변수로 인해 인플레이션이 예상보다 훨씬 높게 나타난다고 가정해보자. 주택담보대출을 끼고 있든 아니든 일단 부동산을 소유하고 있다면 주거비는 거의 변하지 않는다. 즉 생활비 상승은 피하면서 부동산 가치 상승만 누릴 수 있는 것이다.

반면 임차인이라면 인플레이션에 휘둘릴 수밖에 없다. 경제 용어로 말하자면, 가격 결정자가 아니라 가격 수용자가 된다. 임대

<hr>

• 우리나라의 경우 1세대 1주택자가 주택을 2년 이상 보유할 시에는 매매 차익에 따라 6~45%의 누진세가 적용되며 1년 미만 보유 시 70%, 1년 이상 2년 미만 보유 시 60%의 세율이 적용된다. 단 12년 이상 보유 및 2년 이상 실거주 시에는 12억 원 미만 주택은 양도 차익 전액이 비과세이며, 12억 원 초과 주택은 초과분에 한해서만 과세된다.

인은 유지·보수 비용 등 부동산 보유에 따른 각종 비용 상승분을 임차인에게 전가하려고 할 것이므로 재계약 시 임대료가 인상될 가능성도 있다. 최악의 경우 임차 수요가 공급을 크게 초과한다면 몇몇 임대인은 법적인 한도 내에서 임대료를 최대한 인상해 이익을 극대화하려고 할 수도 있다.

임차인에게 유리한 경제 환경은 물가가 하락하는 디플레이션 상황뿐이다. 그러나 역사적으로 인플레이션은 막을 수 없는 흐름이다. 세인트루이스연방준비은행에 따르면, 지난 60년 동안 미국이 디플레이션을 경험한 것은 세계금융위기의 여파가 이어지던 2009년과 CPI가 −0.1%로 0%를 살짝 깨고 내려갔던 2015년 단 두 번뿐이었다.[3]

정부와 인플레이션의 편에 서라. 백만장자가 되는 길이 훨씬 쉬워질 것이다.

부자들이 부동산을 가장 선호하는 이유

부자들이 부동산을 여러 채 소유하고 있는 데는 다 이유가 있다. 부동산으로 큰 이득을 얻을 수 있는 것과 똑같은 이유다. 돈을 버는 일에서는 대체로 위험이 없으면 보상도 적다. 하지만 부동산은 위험과 보상이 비례하지 않는다.

부의 격차가 확대되는 가장 큰 이유는 부동산의 소유 여부다. 미국 주요 도시에서 평생 동안 임차인으로 살면 250만 달러 이상을 임차료로 내야 한다. 이 말을 들으면 불안해질 만하다. S&P 500에 대해 장기적으로 공매도 포지션을 취하는 것이 현명하지 않은 것처럼 장기적으로 집을 임차하면서 부동산 시장에 대해 공매도 포지션을 취하는 것도 현명하지 않다.

주택을 소유할 경우 주택의 시장가치에서 대출금을 뺀 실질 소유 가치가 보장된다. 자연재해나 보험료 상승과 같은 부정적 요인이 영향을 미칠 수도 있지만 부동산은 장기적으로 투자 수익을 가져다줄 가능성이 큰 자산이다. 참고로 지난 40년 동안 미국 주택 시장은 연평균 4~10% 사이로 성장했다.[4]

최악의 시나리오로 주택 가치가 오르지 않더라도 주택담보대출을 계속해서 상환하는 한 강제적으로 저축할 수 있다. 주택담보대출이 원리금균등상환 방식일 경우 월 상환액 중 일부는 원금에, 나머지는 이자를 갚는 데 쓰인다. 시간이 지남에 따라 대출 잔액은 줄어들지만 월 상환액은 고정되어 있어 원금 상환액이 매달 조금씩 늘어난다. 이런 식의 강제 저축 덕분에 주택 소유자는 주택의 지분을 점점 더 많이 가지면서 절제된 생활을 유지할 수 있다. 물론 집이 없어도 매달 저축할 순 있다. 그러나 위험 자산에 대한 투자가 강제적이거나 자동화되어 있지 않으면 쓸데없는 일에 돈을 낭비하기 쉽다.

일단 주택담보대출을 모두 상환하고 나면 주택의 가치는 100% 나의 순자산이다. 이제 임차료를 내지 않고 그 집에 거주할 수 있으며 이것이 바로 빚 없이 집을 소유하는 것의 진정한 가치다. 또한 준불로소득을 얻기 위해 집을 임대하거나 자식에게 물려줄 수도 있다.

나의 첫 번째 부동산 구입기

2003년 초 첫 아파트를 장만했을 때, 매매액 58만 달러 중 20%만을 내 돈으로 지불했다. 주택담보대출 금리는 연 5.75%였고 월 상환액은 약 2,400달러였다. 막 26세가 된 나는 불안했지만 월 2,000달러가 넘는 돈을 더 이상 월세로 내고 싶지는 않았다. 월 상환액 2,400달러 중 500달러는 원금 상환에 쓰였고, 1,900달러는 이자 지급에 쓰였다. 재산세와 세금에 대한 공제까지 감안하면 주택을 소유할 때와 임대할 때의 400달러 차이는 사실상 상쇄되었다. 이 사실을 깨닫고 부동산 구입에 더욱 자신감을 갖게 되었다.

다른 집으로 이사하고 첫 번째 아파트를 임대하기 시작한 지 한참이 지난 2013년, 대출 잔액 28만 5000달러에 대한 금리가 연 3.375%로 조정되었다. 그 무렵에는 가끔씩 매월 내는 상환액에 추가로 원금을 더 갚아 대출금의 39%인 17만 9000달러를 상환한 상태였다.

2003년부터 2013년까지 10년 동안 주택담보대출 이자는 1,900달러에서 800달러로 58% 떨어진 반면, 내가 받는 임대료는 2,000달러에서 3,600달러로 무려 80% 이상 올랐다. 2015년, 대출금을 전부 갚았다. 현재 임대료가 월 4,600달러이므로 비용과 세금을 제하고 매달 3,500달러를 벌어들이고 있다.

열 배로 늘어난 주택의 실질 소유 가치

집값의 20%에 해당하는 초기 투자금 11만 6100달러는 별다른 노력 없이 12년 후 125만 달러가 되었다. 물론 그동안 재산세와 주택담보대출 이자는 내야 했지만 월세를 아낀 것만으로도 이런 비용들을 모두 상쇄했다. 임차인들에게 받은 월세도 대출 원금을 갚는 데 도움이 되었다. 내가 한 일은 2~3년마다 좋은 세입자를 찾고 망가진 시설은 없는지 확인하는 것뿐이었다.

주택을 구매하지 않고 12년 동안 11만 6100달러를 125만 달러로 키우려고 했다면 주식 등 다른 상품에 투자해서 매년 22%의 연 복리 수익률을 얻어야 한다. 물론 불가능한 숫자는 아니다. 다만 위대한 투자자 버핏조차도 그런 성과를 내지 못했다. 1965년부터 2022년까지 버핏의 연 복리 수익률은 '고작' 19.8%에 불과했다.[5] 하지만 그 결과 버핏은 1000억 달러가 넘는 재산을 축적했다. 나는 부동산을 매수하기 위해 신중하게 대출받은 덕분에 125만 달러를 벌어들일 수 있었다. 주식시장에 투자했다면 현실적으로 같은 기간에 그 정도로 돈을 불리지 못했을 것이다.

주택담보대출을 받으면 레버리지 효과가 생기고 이는 자산 가격 상승에 따른 수익률을 더욱 높여준다. 다만 빚을 너무 많이 지지 않도록 주의해야 한다. 경기 침체기에는 손실도 확대되기 때문이다.

부동산의 장점은 이해하기 쉽고 투자가 편하다는 것이다. 그저 집에서 추억을 만들며 열심히 살다 보면 나도 모르게 부자가 되고 있을 가능성이 크다. 대출만 꾸준히 갚는다면 말이다. 시간이 지나면서 대부분의 주택 소유자는 주택담보대출이 감소하고, 부동산 가치는 상승하며, 그 결과 주택의 실질 소유 가치도 증가한다.

다른 자산에 단 1달러도 투자하지 않더라도 부동산을 매수하면 30년 안에 빚 없는 부동산을 보유하고 어느 정도 경제적 안정을 얻게 될 것이다. 일단 주거비가 해결되면 인생이 훨씬 안정적으로 변한다. 순자산을 다양한 자산군으로 구성할 수 있다면 더욱 바람직하다.

부동산 가격은 경기가 조금 안 좋아졌다고 하루아침에 30% 이상 하락하는 일이 거의 벌어지지 않는다. 부동산은 주식보다 훨씬 더 안정적이기 때문에 마음이 평안해질 뿐 아니라 역설적으로 더 많은 돈을 벌어다 준다. 결과적으로 많은 사람이 기꺼이 부동산을 더 늘리기 위해 빚내기를 마다하지 않는 것이다.

빠르면 빠를수록 좋다

부동산으로 부자가 되는 데 가장 중요한 변수는 시간이다.

당신도 조부모님에게 본인들이 어렸을 때는 모든 게 얼마나 저렴했는지 수도 없이 들으며 자랐을 것이다. 내 할아버지 앨버트는 생전에 입버릇처럼 호놀룰루에서도 와이키키 해변을 마주하고 있는 금싸라기 땅을 1950년에 465제곱미터나 살 뻔했다고 말했다. 할아버지는 박봉을 받는 교사였지만 땅값이 3만 5000달러도 되지 않았기 때문에 충분히 그 땅을 살 수 있었다. 하지만 바로 옆에 정육점이 있는 게 마음에 들지 않아 결국 매수하지 않았다. 그 땅의 가치는 현재 3000만 달러를 훨씬 웃돈다. 대신 할아버지는 부지런히 돈을 모아 다른 곳에 있는 땅을 구입하셨다. 현재 그 땅의 가치도 구입 당시보다 훨씬 더 높아졌다.

부동산을 일찍 매입할수록 복리 효과를 더 많이 누릴 수 있고 주거비 상승과의 싸움도 더 빨리 끝낼 수 있다. 젊을 때는 시간이 우리 편이다. 하지만 중년으로 접어들면 시간은 우리의 적이 된다. 게다가 나이가 들수록 열정과 에너지는 점점 줄어든다. 젊어서 부동산을 매입하면 반복되는 수고를 더 쉽게 견딜 수 있다. 망

가진 집을 리모델링하며 고생하기에도 젊은 편이 더 낫다.

감당할 수 있는 주택 매수가 계산하기

젊을 때 부동산을 구입하려면 무엇을 하면서 어디에 살고 싶은지 명확한 비전이 필요하다. 감당할 수 있는 주택 가격 계산은 내가 만든 30-30-3 지침을 참고하면 될 것이다. 이 지침의 세 가지 원칙은 다음과 같다.

원칙 1. 주택담보대출의 월 상환액이 총소득의 30%를 넘지 않도록 한다.

원칙 2. 주택 가격의 최소 30%를 현금이나 준유동자산으로 모아 집값의 20%를 자비로 부담하고 10%를 여유 자금으로 남겨둔다.

원칙 3. 주택 가격은 연간 가구 총소득의 세 배를 넘기지 않는다.

이 세 가지 원칙 중 최소 두 가지를 지키며 주택을 매수해야 한다. 그러면 성급하게 매수하는 일이나 그로 인한 후회를 피할 수 있다. 부동산을 매수한 후에는 예상치 못한 크고 작은 비용이 발생한다. 지나치게 무리할 경우 이런 비용은 큰 스트레스 요인이 되며 더 심각한 문제를 일으킬 수도 있다.

다음 표는 소득, 순자산, 주택 가격을 바탕으로 감당 가능한 기준을 판단할 수 있는 유용한 도구다. 고려 중인 주택 가격을 표에서 찾아 다음 두 가지 조건 중 하나를 갖추고 있는지 확인한다.

30-30-3 지침에 따른 주택 구매 시 필요한 연 소득과 순자산

단위: 달러

주택 가격	최소 필요 연 소득	적정 연 소득	이상적인 연 소득	최소 필요 순자산	적정 순자산	이상적인 순자산
200,000	40,000	50,000	66,667	60,000	100,000	666,667
300,000	60,000	75,000	100,000	90,000	150,000	1,000,000
400,000	80,000	100,000	133,333	120,000	200,000	1,333,333
500,000	100,000	125,000	166,667	150,000	250,000	1,666,667
750,000	150,000	187,500	250,000	225,000	375,000	2,500,000
1,000,000	200,000	250,000	333,333	300,000	500,000	3,333,333
1,500,000	300,000	375,000	500,000	450,000	1,050,000	5,000,000
2,000,000	400,000	500,000	666,667	600,000	1,400,000	6,666,667
2,500,000	500,000	625,000	833,333	750,000	1,750,000	8,333,333
3,000,000	600,000	750,000	1,000,000	900,000	3,000,000	10,000,000
3,500,000	700,000	875,000	1,166,667	1,050,000	3,500,000	11,666,667
4,000,000	800,000	1,000,000	1,333,333	1,200,000	4,000,000	13,333,333
4,500,000	900,000	1,125,000	1,500,000	1,350,000	4,500,000	15,000,000
5,000,000	1,000,000	1,250,000	1,666,667	1,500,000	5,000,000	16,666,667

■ 이 표와 함께 참고해야 할 네 가지 수치가 있다. ① 최소 필요 연 소득은 주택 가격의 '5분의 1'이다. ② 이상적인 소득은 주택 가격의 '3분의 1'이다. ③ 최소 필요 순자산은 주택 가격의 '30%'다. ④ 이상적인 순자산은 주택 가격의 '3.3배'다.

① 같은 줄에 있는 최소 필요 연 소득과 적정 순자산을 모두 갖추고 있다. ② 적정 연 소득과 최소 필요 순자산을 모두 갖추고 있다. 이상적으로는 적정 연 소득과 적정 순자산을 모두 갖추고 있는 상태에서 부동산을 구매하는 것이 좋다.

재산세, 유지·관리비, 보험료, 수리비 역시 무시할 수 없다. 내 경험상 문제는 가장 불편한 순간에 예기치 않게 터진다. 장인·장모님이 방문하셨을 때 녹슨 온수기가 터지면서 지하실이 물바다가 될 수도 있고, 중요한 고객 미팅이 예정된 날 새벽 2시에 깨서 지붕에서 물이 새는 곳을 찾아야 할 수도 있다. 주택 소유의 장점이 단점보다 훨씬 많지만 갑작스러운 수리비로 수천 달러가 들어가고 크게 스트레스받을 수 있다는 점도 대비해야 한다.

만약 나이도 있고 꿈에 그리던 집이 눈앞에 있다면 가구 연 소득의 최대 다섯 배까지는 집을 사는 데 쓸 수 있다. 하지만 1번과 2번 원칙은 반드시 지켜야 한다. 그렇지 않으면 과도한 스트레스로 인해 좋은 집을 사는 본래의 이유인 삶의 질을 높이는 일이 어려워질 수 있다.

1차 관문: 초기 매수 자금 확보하기

첫 번째 집의 초기 매수 자금을 모으는 것은 중요한 이정표지만, 요즘에는 그 어느 때보다도 어려운 일이다. 하지만 포기하기는 이르다. 이 책에서 백만장자가 되는 지식을 얻는 것만으로도 당신은 이미 보통 사람들보다 앞서 있다.

처음에는 주식으로 돈을 모으는 것이 쉽다. 최소 예치금이 필요 없기 때문이다. 10달러짜리 주식을 한 주 사는 것으로 시작할 수도 있다. 반면 부동산은 최소 자기부담금이 부동산 가격의 3%이기 때문에 진입 문턱이 훨씬 높다. 주택담보대출보험에 가입할 필요가 없도록 주택 가격의 최소 20%는 자기 돈으로 지불하길 권한다. •

꾸준히 가치가 상승해온 자산을 더 빨리 살수록 부를 쌓는 데 유리하지만 주택 가격의 3~20%를 현금으로 마련하기는 쉽지 않다. 해결책은 미친 듯이 저축하거나, 주택담보대출을 더 많이 받거나, 부모님께 돈을 빌리는 것이다. 어쩌면 이 세 가지 방법을 모두 써야 할 수도 있다.

과거에는 이렇지 않았다. 1999년 이후 부동산 중개인들과 수없이 대화를 나누고 관찰하며 배운 것이 있다. 1970년 이전에는 외벌이 소득만으로도 어렵지 않게 집을 매수했다. 1970년부터 2010년 사이에는 맞벌이 소득이 필요해졌다. 2010년 이후에는

• 우리나라는 별다른 부동산 규제가 없는 지역이라도 LTV 때문에 최소 자기부담금이 주택 가격의 30%에 달한다. 이마저도 인천을 포함한 수도권은 주택담보대출 자체가 6억 원을 넘을 수 없어, 최소 자기부담금이 더 높아질 수 있다. 여기에 DSR이 더해지며 지역별, 소득별로 최소 자기부담금이 널뛰고 있다.

맞벌이 소득에 추가로 부모님의 지원을 받아야 하는 경우가 꽤 흔해졌다. 내가 사는 샌프란시스코에서는 생애 첫 주택 구매자의 30~40%가 부모님으로부터 주택 매수 자금을 지원받는다. 이 비율은 거주비가 비싼 다른 도시에서도 비슷하다.

베이비붐 세대가 수십조 달러의 부를 축적하고 있는 상황에서 부모가 성인 자녀를 경제적으로 지원하는 일은 점점 더 흔해지고 있다. 부모라면 자녀가 기뻐하는 모습을 보기 위해 기꺼이 도움을 줄 것이다. 부모님의 경제적 안정을 해치지 않는 선에서 손을 벌리는 것은 부끄러운 일이 아니다. 나 역시 부모로서 아이들을 위해 무엇이든 할 수 있다. 만약 부모님께 경제적으로 부탁할 일이 있다면 망설이지 마라. 다만 정중하게 요청해야 한다.

부모님을 설득하는 몇 가지 요령을 알려주자면 평소에 자주 연락을 드리면서 안부를 묻고 부동산과 부동산 투자에 대한 관심을 보이는 것이다. 책임감과 최근 성과를 보여드릴 수 있도록 미리 계획을 잘 세워서 부탁해라. 도움을 청할 때 충분한 정보를 제시할수록 부모님을 쉽게 설득할 수 있다. 결국 부모님은 자식과 자신의 행복을 위해 기꺼이 도와주실 것이다.

부모님이 집을 살 때 도와주실 수 없다고 해도 걱정하지 말고 자신의 상황을 성공의 기회로 생각하자. 성인으로서 자립할 수 있는 것보다 더 기쁜 일은 없다. 지금부터 외벌이 소득으로 주택 매수 자금을 모을 수 있는 방법을 하나씩 살펴보자.

2차 관문: 목표 금액 설정하기

401k나 기타 세금 우대 계좌를 납입 한도까지 정기적으로 채워 넣고 있다면 이제는 주택 매수 자금을 마련할 때다. 주식 포트폴리오를 구축할 때만큼 치열하게 준비해야 한다.

매수 자금을 얼마나 모아야 할지 결정하려면 먼저 살고 싶은 도시의 중위 주택 가격을 파악해야 한다. 그런 다음 그 가격에 10~20%를 곱해 매수 자금의 범위를 계산한다. 예를 들어, 중위

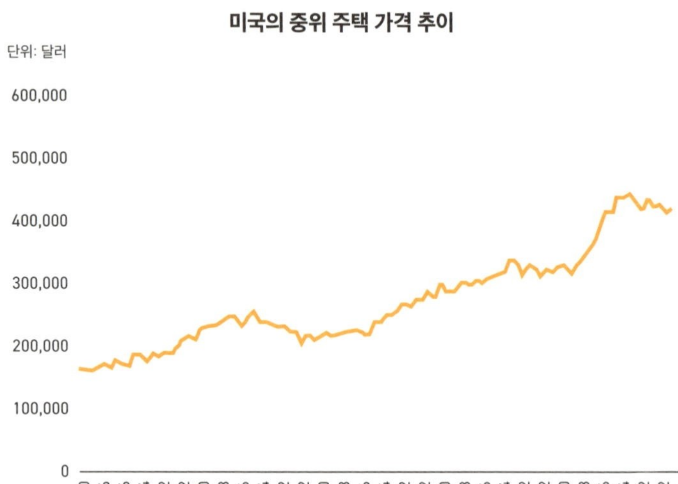

미국의 중위 주택 가격 추이

출처: 미국 통계청(US Census Bureau),
미국 주택도시개발부(US Department of Housing and Urban Development)6

주택 가격이 50만 달러라면 모아야 하는 매수 자금의 범위는 5만
~10만 달러다.

목표 금액이 너무 커서 부담스럽다면 불안은 줄이고 관리는
더 용이하도록 연간 저축액 기준으로 더 작게 나눈다.

나만의 목표를 설정하라

대체로 생애 첫 주택 구매는 보통 36세 정도에 이루어진다.[7] 즉
고등학교 졸업 후 18년, 대학 졸업 후 14년 동안 매수 자금을 모
을 수 있다는 뜻이다. 나이가 더 많다면 학교를 갓 졸업했을 때보
다 높아진 소득 덕분에 돈을 더 빨리 모을 수 있을 것이다.

22세에 대학을 졸업하고 36세에 중위 가격의 주택 매입을 원
한다고 가정해보자. 그때쯤이면 주택의 중위 가격이 55만 달러로
상승해 있을 수 있다. 따라서 전체 매수 가격의 20%를 모으려면
14년 동안 11만 달러, 연간 7,857달러(투자 수익은 제외)를 저축해
야 한다.

이것은 달성할 수 있는 수치인가? 당연하다. 14년 동안 위험이
낮은 국채에만 투자해도 쉽게 모을 수 있다. 그러나 주택을 구입
하기까지 남아 있는 기간을 고려하면 더 높은 수익률을 얻기 위
해 이 돈을 주식, 리츠, 기타 위험 자산에 투자할 수도 있다. 한
편으로는 경력이 쌓일수록 급여와 직책이 높아지므로 주택 매수
자금을 모으는 일이 더 쉬워질 것이다. 다만 어느 정도 목표 금액

에 다다를수록 위험을 줄이고 싶은 마음도 생길 것이다.

이제 당신이 40세이고 5년 안에 150만 달러짜리 주택을 구입하고 싶다고 가정해보자. 이런 경우 집값의 20%인 30만 달러를 매수 자금으로 마련해야 한다. 소득에 따라 다르겠지만 1년에 6만 달러를 저축하기는 쉽지 않다. 하지만 이것을 매달 5,000달러씩 저축하는 것으로 바꾸면 난이도가 낮아질 수 있다. 게다가 이미 저축한 돈도 있고 현금으로 전환할 만한 자산도 있을 것이며 소득도 훨씬 높아졌을 것이다.

대부분의 사람들이 주택을 구입할 때 장기적인 계획 없이 무작정 뛰어든다. 22세에는 취업과 연애에만 매몰되어 있겠지만, 백만장자가 되기 위해서는 5년에서 10년 앞을 생각해야 한다.

다음 표는 24개월 안에 주택을 구입할 예정일 때 필요한 투자 전략을 담고 있다. 주택 구매를 계획하고 있다면 더 좋은 집을 사거나 주택담보대출을 적게 받기 위해 수익률이 높은 자산에 투자하고 싶을 것이다. 그러나 또 다른 한편으로는 자산을 잃을 위험을 감수하고 싶지 않은 마음도 들 것이다. 무리한 투자를 감행했다가 원하는 주택을 구입하지 못할 수도 있기 때문이다.

6개월 이내에 주택을 구입할 예정이라면 투자 자산의 100%를 MMF나 국채에 투자하는 것이 적절하다. 투자 기간에 따른 주택 매수 자금의 자산 분배 전략에 대해서 더 많이 알고 싶다면 파이낸셜 사무라이를 참조하길 바란다.[8]

주택 매수 자금의 추천 투자 전략

 · 단위: %

위험 수용 성향	주식	채권	현금
높음	50	30	20
중간	40	30	30
중하	20	30	50
낮음	0	0	100

3차 관문: 5년 이상 주택 보유하기

좋아하는 일과 앞으로 5년 이상 살고 싶은 도시를 찾았다면 이제 부동산을 매수하는 일에 집중할 시간이다. 주택을 매수할 때는 그 집에서 영원히 살거나 그 집을 영원히 보유한다고 생각하는 것이 이상적이다. 그 집에서 최소 5년을 지낼 수 없다면 계속 세를 들면서 남는 돈을 저축하는 편이 낫다.

내가 2003년에 용기를 내 아파트를 매수할 수 있었던 가장 큰 이유는 UC버클리 경영대학원에 파트타임 과정으로 막 입학했기 때문이었다. 총 3년 과정의 학비 대부분을 회사가 지불해줬고, 해고될 위험은 매우 낮았으며, 학교를 그만둘 생각도 없었으므로 위험을 감수하고 생애 첫 주택을 구입했다. 4년 동안 보너스의 100%와 급여의 50%를 저축하고 투자해 주택 매수 자금으로

11만 6100달러를 마련했다.

그렇다면 주택을 최소 5년 이상 보유하는 것이 왜 중요할까? 부동산은 7년에서 10년 주기로 움직이는 경향이 있다. 한 집에서 오래 살수록 주기의 상승 국면에서 집을 매도할 가능성이 커진다. 바꿔 말하면, 주기의 하락 국면에서 매도할 가능성이 작아진다는 뜻이다. 부동산 시장의 하락기는 보통 1년에서 5년 동안 지속된다. 그러므로 적어도 5년 동안 부동산을 보유하면 아무리 하락기가 찾아와도 살아남기가 쉽다.

많은 사람이 집을 팔 때도 상당한 비용이 든다는 사실을 잘 모른다. 이 비용은 보통 집값의 5~6%가량이다. 적어도 5년 이상 부동산을 보유하면 이런 비용을 감안하더라도 일반적으로 이익을 보고 팔 수 있을 만큼 충분히 가치가 상승한다.

부동산으로 만드는 은퇴 포트폴리오

부동산으로 백만장자가 되는 가장 단순한 전략은 거주할 집을 사서 2년에서 10년 동안 살고, 새로운 집을 사서 이전 집을 임대하는 것이다. 주택담보대출이 고정금리라는 전제하에 임대료만 상승하면 이 전략에서 양의 현금 흐름이 창출된다. 40년이면 4~20채의 부동산을 모을 수 있어 은퇴 자금을 평생 걱정하지 않아도 된다.

이 전략에는 많은 시간과 자본이 소요되지만 자연스럽게 부동
산 투자자로 성장한다는 장점이 있다. 당장 더 많은 부동산을 매
수하려고 빚을 질 필요도 없다. 대신 내 집에서 살며 집을 고쳐나
가고, 그 기간 동안 다음 매매를 위해 돈을 모으자. 집을 임대할
때쯤이면 기존 집에서 관리가 필요한 부분들을 구체적으로 잘
알고 있어야 한다. 앞서 소개한 30-30-3 지침을 활용해 원하는
주택 가격의 10~20%를 계산하고 다음 부동산을 매수할 목표일
과 자금 규모를 결정하자. 매수 자금을 마련하는 것을 재미있는
도전으로 만들어야 한다.

예산 범위 안에서 가장 좋은 집을 소유하면서 생활비를 충당
할 수 있는 임대주택 포트폴리오를 만드는 것이 부동산 투자라
는 게임에서 승리하는 방법이다. 이 방법을 따른다면 시간, 레버
리지(주택담보대출 활용), 부동산 가치 상승에 따른 수익을 바탕으
로 반드시 백만장자가 될 수 있을 것이다.

가족 구성원당 최소 한 채의 부동산을 소유할 것

부동산과 관련된 또 다른 이정표는 가족 구성원 수보다 하나
더 많은 수의 부동산을 소유하는 것이다. 만약 미혼으로 살 계획

이라면 거주하는 집 한 채와 임대주택 한 채를 보유하는 것을 목표로 삼아야 한다. 부부만 있다면 거주하는 집 한 채와 임대주택 두 채를 보유하는 것이, 결혼해서 자녀가 둘이라면 거주하는 집 한 채와 임대주택 네 채 이상을 보유하는 것이 목표다. 실거주 주택 단 한 채만 소유한다는 것은 부동산 시장에서 중립적인 포지션이다. 어쨌든 살 집 하나는 있어야 하기 때문이다. 이것은 부동산 시장에서 인플레이션 때문에 충격을 받지도, 좋은 흐름에서 이익을 보지도 못하는 상태다. 부동산을 두 채 이상 소유했을 때에야 비로소 부동산 시장에서 매수 포지션을 취한 것이다. 최소한 채 이상에서 임대료 상승으로 인한 이익을 얻거나 집을 매각해 시세 차익을 얻을 수 있기 때문이다.

부동산을 여러 채 소유했을 때 얻는 이익은 세 가지다.

1. 은퇴 소득을 더 많이 창출할 수 있다. 임대료는 시간이 지나면서 오르는 경향이 있다. 불로소득이 늘어날수록 더 큰 자유를 얻게 된다.

2. 자녀의 직업에 대한 일종의 보험 역할을 한다. 자녀가 성인이 되었을 때 자녀에게 가족 부동산을 관리하는 일을 맡길 수 있다. 이는 무료로 직업보험을 제공하는 것과 같다.

3. 필요한 경우 가족 구성원이 독립해서 거주할 수 있다. 인생은 예측할 수 없다. 필요할 때 비울 수 있는 여러 채의 임대주택을

소유하면 가족 중 어느 누구도 집이 없어 고생하지 않고 모두 자유로운 주거 환경을 누릴 수 있다. 거주하는 집 근처에 임대주택을 소유하고 있다면 성인이 된 자녀가 가까이에서 살 가능성도 있다.

자동차보다는 주택에 집중하라

자동차 가격 대비 주택 가격 비율은 재무관리에서 중요한 지표다. 일반적으로 자동차는 시간이 지나면서 가치가 하락하지만 주택은 상승하는 경향이 있기 때문에 주택에 투자하는 것이 자동차를 소유하는 것보다 더 현명한 선택이다.

자동차 가격 대비 주택 가격 비율은 소유하고 있는 주택의 현재 추정 가치를 소유하고 있는 자동차(들)의 현재 추정 가치로 나누어 계산한다. 이 비율이 높을수록 좋다. 보유한 주택 가치에 비해 자동차 가치가 낮다는 의미이기 때문이다.

대부분의 미국인은 이 비율이 대략 8.75~15.4이다. 보통 사람들보다 더 빨리 경제적 자유를 달성하고 싶다면 15.4보다 목표를 높게 잡아야 한다. 이 비율을 30 이상으로 하자. 목표는 값비싼 주택을 소유하는 것이 아니라 경제적인 자동차를 사서 가능한 한 오랫동안 타는 것이다. 자동차의 감가상각이 나에게 긍정적인

경제적 독립을 위한 적정한 자동차 가격 대비 주택 가격 비율

자동차 가격 대비 주택 가격 비율	경제적 책임감 수준
<9	평균적인 미국인과 같은 수준이거나 그보다 낮은 수준
9~25	올바른 방향으로 나아가는 중
25.1~50	잘하고 있으나 계속 노력 요함
50.1~100	경제적 독립이 눈앞에 있음
100.1~200	자유를 얻어 원하는 대로 살 수 있음
200+	인생을 마음껏 즐길 때

방향으로 작용해야 한다.

지나치게 비싼 차, 특히 새 차를 뽑는 것은 부자가 되지 못하는 대표적인 원인이다.[9] 중위 가계소득이 약 7만 5000달러인 상황에서 5만 달러짜리 새 차를 사는 것은 말도 안 되는 일이다. 그러나 더 저렴한 주택을 매수하거나 임차인으로 살면서도 비싼 자동차를 겁 없이 사는 카푸어가 점점 늘어나고 있다. 많은 사람이 엄청난 임차료와 신용카드 빚 때문에 끝없는 경쟁의 굴레에 갇혀 산다.

아직 실거주 주택을 소유하고 있지 않다면 충분한 돈을 모으기 위해 자동차 구입을 최대한 미루고, 자동차를 구입하기로 마음먹었다면 가장 저렴한 차를 사서 가능한 한 오래 타자. 자동차 가격 대비 주택 가격 비율과 자동차 구입에 대한 나의 10분의 1

원칙이 궁금하다면 '더 읽어보기'를 참조하길 바란다.

내가 서른이 되기 전에 단독주택 한 채를 살 수 있었던 이유 중에는 8,000달러짜리 중고차를 사서 10년 동안 몰았던 것도 있었다. 그 차를 구입할 때 가격은 나의 연간 총소득의 3%가 채 되지 않았고, 팔 때 가격은 연간 총소득의 1%도 되지 않았다. 그 결과 차에 드는 비용을 많이 아껴서 주식에 투자할 돈을 그만큼 더 모을 수 있었다.

백만장자의 비밀 노트

☐ 최소 5년 이상(가급적 영원히) 보유할 수 있는 부동산만 구입한다. 부동산 시장은 7년에서 10년 주기로 움직인다. 5년 이상을 내다본다면 손실을 최소화하는 데 도움이 될 것이다.

☐ 원하는 자동차를 사는 것과 주택을 사는 것에 대해 생각해봐라. 자동차는 시간이 지나면 가치가 하락하지만 주택은 가치가 상승하는 경향이 있다. 자동차에 대한 지출이 주택 가치에 비해 지나치게 높지는 않은가? 경제적 자유를 더 빨리 달성하려면 자동차 가격 대비 주택 가격의 비율을 30 이상으로 맞춰라.

☐ (미래의) 손주들이 지금의 부동산 가격을 어떻게 생각할지 생각해봐라.

☐ 인플레이션에 대비하고 더 오랫동안 복리 효과를 누리기 위해 되도록 빨리 부동산을 매수한다.

☐ 집을 구매하고 싶은 지역의 중위 주택 가격을 확인한다. 이 가격에 10~20%를 곱해 모아야 할 주택 매수 자금의 규모를 계산한다.

- 목표로 설정한 매수 자금 규모가 부담스럽다면 부담을 줄이기 위해 현실적인 기한을 설정하고 기간을 짧게 나눠 월별, 또는 연도별로 필요한 저축액을 계산한다.

- 세금 혜택이 있는 은퇴 계좌를 납입 한도까지 채우는 일이 1순위다. 은퇴 계좌 납입을 자동화한 다음 주택 매수 자금을 모으기 시작해라. 다만 은퇴 자금을 건드리는 일을 추천하지는 않는다.

- 명확한 기한을 설정하고 공격적으로 저축해 전체 집값의 3~20%(이상적으로는 20% 이상)에 해당하는 주택 매수 자금을 마련한다.

- 부모님에게 일정 금액을 부탁하는 것도 고려한다. 주택 구입에 대해 진지하게 고민하는 모습을 보여드리면 기꺼이 도와주실 것이다.

- 한 번에 한 채씩 매입하면서 부동산 제국을 건설한다. 실거주 주택을 사서 2~10년간 살다가 그 집을 임대하고 다른 주택을 구입한다. 같은 과정을 반복한다.

- 가족 구성원 수보다 한 채 더 많은 부동산 포트폴리오를 유지하면 준불로소득을 더 많이 창출할 수 있고, 자녀를 위한 일종의 안전장치를 제공할 수 있으며, 필요한 경우 가족 구성원 각자가 독립적으로 거주할 수도 있다.

소규모 창업으로 머니 파이프라인을 늘려라

Millionaire Milestones

전 세계적으로 가장 부자들은 대체로 기업가다. 《포브스》가 선정한 가장 부유한 사람 목록에는 늘 베이조스(아마존), 마크 저커버그(메타), 빌 게이츠(마이크로소프트), 세르게이 브린Sergey Brin(구글), 래리 엘리슨Larry Ellison(오라클) 등 큰 성공을 거둔 기업의 창업주들이 이름을 올린다.[1]

세상에서 두 번째 부자들은 기업 투자자들이다. 버핏(버크셔 해서웨이), 손정의(소프트뱅크), 켄 그리핀Ken Griffin(시타델Citadel), 애비게일 존슨Abigail Johnson(피델리티Fidelity), 데이비드 테퍼David Tepper(애팔루사Appaloosa), 스티브 코헨Steve Cohen(SAC 캐피털SAC Capital), 스티븐 슈워즈먼Stephen Schwarzman(블랙스톤)과 같은 투자자들은 모두 억만장자다.

우리는 무에서 유를 창조하는 사업체를 운영하면서 큰 부를 창출하는 일에도 주목해야 한다.

창업이 부의 레버리지가 되는 이유

창업이라는 말만 들어도 긴장되는가? 새로운 기술이나 혁신적인 제품을 개발해야만 성공한 기업가가 되는 것은 아니다. 회사를 당장 그만둘 필요도 없고, 일주일에 70시간 이상 일해야 할 필요도 없으며, 사업 자금을 마련하기 위해 지금까지 모은 돈을 쏟아부을 필요도 없다. 일상생활에서 보이는 문제를 해결하기만 하면 된다. 그다음 인터넷을 활용해 이 해결책에 돈을 지불할 사람들을 찾는다.

이렇게 나만의 작은 사업을 시작해도 되고 이것도 어렵다면 주식시장이나 비상장 시장을 통해 유망한 기업에 투자할 수도 있다. 하지만 이 세 가지를 모두 하면 어떨까? 우리는 기존의 여가 시간을 창조적인 일에 활용함으로써 기업가 정신을 삶에 녹여낼 수 있다. S&P 500에 투자하는 것 외에 벤처캐피털 펀드로 비상장 성장 기업에 투자할 수도 있다. 이 세 가지 방법들에 대해 더 자세히 살펴보자.

큰 성공을 위한 작은 첫걸음

창업이라고 하면, 많은 사람이 아마존이나 테슬라처럼 이미 거대한 제국이 된 유명 회사만 떠올린다. 그러고는 그렇게까지 성공할 수는 없다는 생각에 대부분 사업을 포기한다. 기업가로서 성공하기 위해 반드시 수십억 달러 규모의 거대 기업을 만들 필요는 없다.

게다가 그런 거대 기업들도 구글처럼 뒷마당 차고에서 작게 시작하는 경우가 많다. 그러므로 초보 기업가로서 크기에 위축되지 말고 작은 것부터 시작하겠다고 마음먹자. 또한 완전히 독창적인 아이디어를 내기보다는 기존의 것을 개선하는 편이 더 낫다. 작은 것부터 생각하겠다는 마음으로 바꾸고 싶은 무언가를 세 가지 정도 적어보자. 이를 비즈니스 모델로 구체화하고 해결책을 구상했다면 그것을 실행해라. 시작해보는 것이다! 행동으로 옮기지 않으면 아무 일도 일어나지 않는다.

2009년 파이낸셜 사무라이를 시작했을 때는 금융업계 경력자의 시각으로 재무관리에 대해 분석한 글을 올리는 전문 사이트가 없었다. 기존에는 배경지식도 없는 사람들이 저축과 예산 설정에 대해 고리타분한 조언만 늘어놓았다. 재무에 대한 전문성이 떨어지면 자산 배분, 부동산, 주식시장, 투자, 경제 이론에 대한 글보다는 절약에 대한 글만 쓰기 마련이다. 하지만 진짜 투자 전문가들은 본업으로 돈을 버느라 너무 바빠서 글을 쓸 시간이 없다. 나는 MBA를 취득하고 13년 동안 금융업계에서 일하며 얻은 전문 지식을 바탕으로 이 틈새시장을 공략하기로 했다.

돌이켜보니 합리적인 사업 전략이었다. 부동산에 관해 평생 집한 번 사본 적 없는 뜨내기가 쓴 글을 금융 전문가가 분석해서쓴 글보다 신뢰할 사람은 없다. 이 점에서는 구글도 마찬가지다. 구글은 경험Experience, 전문성Expertise, 권위Authoritativeness, 신뢰성Trustworthiness의 머리글자를 딴 E-E-A-T에 따라 검색 결과 1페이지에 노출될 콘텐츠를 결정한다.

현재 나와 내 아내, 2인이 운영하는 파이낸셜 사무라이는 매달약 100만 회의 노출을 기록 중이다. 전문성의 중요성을 보여주는대목이다. 우리의 작은 사업은 광고, 출판 제안, 강연 요청 등으로 이어졌다. 재무관리 사이트는 원래 존재하던 사업 분야였다. 나는 다만 이것을 더 전문적으로 만들었을 뿐이다.

그렇다면 당신 주변에 개선이 필요한 좋은 사업 아이템으로는어떤 것들이 있을까? (탈부착 및 교체가 가능한 신발 깔창을 제대로 만드는 사람은 누구든 큰돈을 벌 것이다!)

시간이 없다는 말은 핑계다

현재 당신의 주 수입원은 회사 월급일 것이다. 이 안정적인 급여로 주거비, 식비, 기본 생활비는 감당할 수 있겠지만, 그 이상은어려울지도 모른다. 게다가 직업 안정성은 예전 같지 않다.

그러나 안타깝게도 대부분의 사람들이 한 가지 수입원에만 의존해서 살아간다. 퇴근 후 소파에 누워 텔레비전을 보거나 스마트폰으로 쇼츠를 넘기면서 시간을 때운다. 제발 이제 그만하자.

보통의 백만장자는 자본 이득, 배당 소득, 이자 소득, 임대 소득, 사업 소득, 특허 사용료, 근로소득의 일곱 가지 수입원을 가지고 있다.[2] 그들은 부업과 개인 프로젝트 등으로 바쁜 일상을 보낸다.

아직 전자에 속한다면 텔레비전을 보면서 낭비하는 매주 약 21시간(1년에 1,092시간)을 의미 있는 일에 써보자. 재능 중 딱 하나만이라도 시간당 30달러짜리 부업으로 수익화하면 연간 3만 2760달러를 추가로 벌 수 있다. 조금 더 시간을 들여 나만의 사업을 시작하면 사업의 가치가 성장함에 따라 수익이 기하급수적으로 늘어날 수 있다.

시작 단계에서는 적은 보수만 받아라

사업을 처음 시작할 때는 과세 소득을 최소화하고 재투자를 위한 이익잉여금을 최대로 확보하기 위해 아주 적은 보수만 받아야 한다. 회사가 성장하면 국세청의 조사를 피하기 위해 결국 적정 수준의 보수를 받아야 할 것이다. 그러나 처음 2~3년 동안은 회사가 그렇게 많은 이익을 창출하기도 어려울 것이다.

거대 기업의 CEO들조차 힘든 시기에는 급여를 줄인다. 그리고 이런 선택은 결국 그들에게도 좋은, 아니 아주 훌륭한 결과를 가져다준다. 예를 들어, 1978년에 리 아이아코카Lee Iacocca는 연봉을 1달러만 받고 크라이슬러의 CEO 자리를 맡았다.[3] 당시 회사는 무너져가고 있었다. 아이아코카는 자신의 연봉을 대폭 깎는 대가로 정부로부터 구제금융을 지원받아 회사를 살리겠다고 공언했다. 이 전략은 제대로 먹혀들었다. 회사는 구제금융을 제공받아 턴어라운드에 성공했다. 1980년 아이아코카의 연봉은 86만 8000달러로 올랐고, 6년이 지났을 때는 스톡옵션을 포함해 2050만 달러를 기록하며 《포브스》가 선정한 가장 높은 연봉을 받는 CEO에 이름을 올렸다.

이제 연봉 1달러를 받는 것은 위기를 헤쳐나가는 경영진들에게 필수 관문이다. 테크업계에서도 애플의 스티브 잡스, 오라클의 엘리슨 외에 제임스 바크스데일James Barksdale(넷스케이프 Netscape), 존 챔버스John Chambers(시스코Cisco), 토머스 시벨Thomas Siebel(시벨 시스템) 등이 회사를 살리려는 강한 의지를 보여주기 위해 연봉 1달러를 받았다.

하지만 평범한 사람이 돈을 못 벌면 어떻게 생활할 수 있을까? 가장 좋은 방법은 직장을 다니면서 본인의 사업을 구축하는 것이다. 안정적인 소득과 복지 혜택을 보장하는 기존 직장을 계속 다니면 사업 이익에 연연해하지 않고 성장에만 집중할 수 있다. 나도 파이낸셜 사무라이를 시작했을 때, 은행에 계속 다니면서 짜투리 시간을 이용해 글을 썼다. 직장에 영향을 미칠 수 있는 내용은 아무것도 쓰지 않았고, 대신 투자용 부동산 매수나 금융 위기에서 살아남기와 같은 주제를 다뤘다.

심지어 파이낸셜 사무라이를 성장시키는 데 더 집중하기 위해 2012년 월스트리트를 떠나기 전까지는 사업을 법인화하지도 않았다. 부업으로 이를 키워나갔던 초기 몇 년은 16년 이상 금융 사이트를 운영해나가는 데 귀중한 토대가 되었다.

백만장자의 키포인트는 주식이다

사업을 운영하면서 백만장자나 억만장자가 되려면 월급이 아니라 당신이 소유한 지분이 중요하다.

지분을 소유하는 것의 마법은 그 가치가 시장이 정하는 배수 multiple로 증가한다는 데 있다. 연봉이 5만 달러라면 그것이 수익의 전부이지만, 지분을 소유하고 있다면 이야기가 달라진다. 동종업계의 다른 회사들이 순이익의 다섯 배에 거래되고 우리 회사의 순이익이 5만 달러 증가했다면, 보유한 지분의 가치는 순이익의 다섯 배인 25만 달러만큼 증가한다. 지분 가치가 상승하는 것이야말로 사업 운영이 부의 증식에 기여하는 진정한 효과다.

투자자들은 순이익, 매출, 영업이익 등 지표에 적용된 배수를

기준으로 기업 가치를 판단하는데, 그중에서도 주가수익비율PER
이 가장 일반적인 지표다. 이는 투자자들이 기업의 연간 순이익
을 몇 배수만큼 높게 보는지를 나타낸다. 예를 들어, 어떤 반도체
제조사 주식의 주당순이익이 10달러고, 주식이 한 주에 200달러
에 거래된다면 이 회사의 주가수익비율은 20이다(200/10). 이는
시장이 이 기업의 가치를 연간 순이익의 20배로 평가한다는 의
미다. 이 회사의 연간 순이익이 1억 달러라면 시장은 이 기업의
총가치를 20억 달러로 평가할 것이다.

이 회사가 역대 가장 빠른 AI 칩을 출시할 예정이라고 발표했
다고 해보자. 곧 주가가 순이익 증가에 대한 기대로 주당 400달
러까지 치솟았다. 주가는 상승했지만 주당순이익은 아직 변하지
않았으므로, 주가수익비율은 40(400/10)이다. 그 결과 회사의 총
가치는 현재의 순이익 1억 달러에 40배를 적용받아 갑자기 40억
달러로 치솟았다. 향후 순이익이 더 높아지리라는 시장의 기대가
반영되었기 때문이다. 시간이 지나 주당순이익이 20달러까지 올
라도 주가는 400달러로 유지된다면 주가수익비율은 다시 20으
로 떨어질 것이다. 다시 말해, 주식과 같은 위험 자산에 대한 평
가는 상당 부분 그 기업이나 해당 자산의 이익 잠재력에 근거한
다. 이익이 현재 시장 예상치를 상회한다면 주가는 상승하고, 이
익이 시장 예상치에 미치지 못하면 주가는 떨어진다.

여기서 핵심은 회사에 추가 수익이 발생할 때마다 기업 가치

는 배수를 적용해 상승한다는 것이다. 따라서 소유 지분이 클수록 가치 상승에 따른 혜택을 더 많이 누릴 수 있다. 연간 순이익이 10만 달러인 사업을 100% 소유한다고 가정해보자. 동종업계의 다른 회사들이 순이익의 열 배에 거래되고 있다면, 축하한다! 당신은 이제 100만 달러 규모의 사업을 소유하고 있는 것이다. 이익이 1달러 증가할 때마다 회사의 가치는 10달러씩 커진다.

창업으로 백만장자가 될 수 있는 가능성은 당신이 생각하는 것보다 훨씬 더 크다. 주변에서 문제의 해결책을 찾고 작게 시작해 점차 성장해라. 경험과 전문성을 쌓다 보면 새로운 사업 기회를 발견할 수 있을 것이다.

사업은 또 다른 투자자가 되는 것이다

매년 안정적으로 100만 달러의 이익을 창출하는 회사를 발견했다고 생각해보자. 투자자로서 이 회사를 100만 달러에 인수할 수 있다면 당연히 사려고 할 것이다. 1년 만에 투자금을 모두 회수할 수 있기 때문이다. 이듬해부터의 수익은 고스란히 내 주머니로 들어오게 된다.

이제 생각을 바꿔 당신이 그 회사의 소유주라고 가정해보자. 매년 100만 달러의 수익을 내는 회사를 고작 주가수익비율 1배에 팔겠는가? 절대 그러지 않을 것이다. 자식과도 같은 회사의 어마어마한 성장 가능성을 깨닫고, 누군가가 회사를 매각하라고 하면 그에 맞는 금액을 지불하라고 요구할 것이다. 이렇듯 단순한 직원이 아니라 기업의 소유주라면 향후 회사 매각에 따라 거액을 줄 가능성이 생긴다.

이것이 지금까지 수많은 기업가를 탄생시킨 사고방식이다. 나를 갈아 넣어 끊임없이 수익을 창출하고 오래도록 영향을 남길 유산에 연료를 공급한다. 이제 사업을 운영할 때의 엄청난 잠재력을 알았으니 오늘 하루를 어떻게 보낼 것인가? 선택은 당신의 몫이다.

사업의 갈림길

2012년 5월 직장을 완전히 그만두기 한 달 전, 나는 딜레마에 빠졌다. 파이낸셜 사무라이를 수익이 크지 않더라도 안정적으로 자유로운 삶을 살게 해줄 회사로 가꿔 내 라이프스타일을 최대한 유지할지, 아니면 벤처 투자를 받아 큰 수익을 창출하는 회사로 성장시킬지가 고민이었다. 2000년대 초에 샌프란시스코에서 살다 보니 주변에는 온통 수백만 달러, 또는 수십억 달러 규모의 스타트업을 설립하겠다는 꿈을 가진 사람들로 넘쳐났다.

그해 파이낸셜 사무라이는 약 8만 달러의 매출을 올렸다. 우리 부부는 검소한 편이므로 물가가 비싼 이 도시에서 소박하게 살기에는 충분한 돈이었다. 하지만 자녀를 두어 명 낳아 가족이 늘어나면 그 돈으로는 충분하지 않을 것이었다. 그렇다면 수입을 더 늘려야 하는 걸까?

포커 치던 밤

2012년 어느 날 밤, 친구들과 포커를 치면서 늘 그렇듯 기업가 정신에 대해 대화를 나누기 시작했다. 나는 금요일 밤마다 포커를 치면서 똑똑한 사람들과 아이디어를 공유하고 즐겁게 의견을 나눴다.

같이 포커를 치던 열 명 중 네 명은 스타트업에서 일했고, 세 명은 구글에서 근무했으며, 한 명은 IT 분야의 전문 변호사였고, 다른 한 명은 CNN의 의학 전문 기자였다. 그리고 혼종인 내가 있었다.

나는 회사에서 열 시간을 일하고 나서 세 시간 동안 파이낸셜 사무라이에 게시할 글을 쓴 다음 포커를 치러 갔다. 당연히 좀 피곤한 상태였다.

스타트업에서 일하는 한 친구가 신제품 출시를 위해 2주 내내 아침 7시부터 다음 날 새벽 3시까지 일했다는 이야기를 들려주었을 때는 흥분이 되었다. 벤처캐피털리스트인 친구가 그의 회사가 2008년 판도라Pandora의 설립자인 팀 웨스터그렌Tim Westergren의 제안을 어떻게 거절했는지 이야기했을 때는 깜짝 놀라서 공상에 빠졌다.

그날 저녁 약 185달러를 잃은 나는 그 돈을 다시 벌려면 얼마나 오랫동안 부업을 해야 하는지 아냐며 투덜댔다. 적어도 몇 시간은 일해야 할 것이었다. 다섯 번째 게임에서 내 퀸 카드가 킹 카드에 무너졌을 때 얼마나 우울하던지.

그래도 나는 슬픔에 빠져 있는 성격이 아니었다. 이내 스타트업의 미래에 대한 더 즐거운 생각을 하기 시작했다.

어떤 스타일의 기업을 만들 것인가?

나는 포커를 치다가 친구들에게 다음과 같이 물었다.

앞으로 평생 동안 매달 물가상승률을 적용받는 1만 달러를 벌면서 하루 2~4시간만 일하는 삶을 살 것인가, 아니면 2년 동안 최저 임금으로 하루 12~18시간씩 일하는 대신 25% 확률로 사업을 1000만 달러에 매각할 수 있는 삶을 살 것인가? 안타깝게도 75% 확률로 사업이 성공하지 못하면 경험밖에 남지 않는다.

나는 친구들에게 다양한 반응을 끌어내기 위해 일부러 열린 질문을 던졌다. 이미 한 명은 평균 기대수명을 기준으로 매달 1만 달러씩 평생 벌 수 있는 총수익을 현재 가치로 환산한 값과 회사를 매각했을 때의 기댓값을 계산해 비교하고 있었다. 우리는 포커를 치면서도 늘 기댓값을 계산했다.

나는 친구들에게 계산기는 그만 두드리고 감을 따르라고 이야기했다. 월 1만 달러가 미국 중위 가계 소득의 약 두 배라는 점을 고려하면 적어도 절반은 월 1만 달러를 선택하고 평생 행복하게 살 것 같았다.[4] 놀랍게도 친구들은 모두 두 번째 삶을 선택했다. 큰 보상이 따라올 수도 있는 삶 말이다. 다소 비현실적이었지만 꿈을 크게 갖는 것은 언제나 좋은 일이다.

늦은 밤이 되었을 때, 마침내 한 명이 라이프스타일 사업가가 되는 쪽을 선택했다. 스트레이트를 완성했지만 상대의 플러시에 밀려 2,600달러가 걸린 판에서 690달러를 잃은 뒤였다. 그 친구는 "하루에 두어 시간만 일하고 월 1만 달러를 번다면 나쁘지 않네. 나라면 그렇게 할 것 같아"라고 중얼거렸다.

시간을 벌어주는 라이프스타일 사업

야심 찬 꿈이 가득했던 포커의 밤 이후로 10년이 더 지났다. 같이 포커를 치던 친구들 중 1000만 달러짜리 비전을 현금화한 사람은 아직 아무도 없지만 교훈은 남았다. 큰 성공을 거두기 위해서는 용기가 필요하다는 것. 이 사실을 무시해서는 안 된다. 용기 있는 사람에게 반드시 행운이 따른다는 보장은 없지만, 나만의 아이디어에 전부를 쏟아부으면서 얻는 성장과 만족감은 이루 헤아릴 수 없다.

라이프스타일 사업의 가치는 너무 과소평가되어 있다. 벤처캐피털리스트와 큰 꿈을 품고 스타트업을 차린 사람들은 이런 소박한 기업가 정신을 비웃을지도 모르겠다. 그러나 이런 사업은 거대한 확장에는 관심이 없는 사람들에게 자유와 함께 큰 보상을 가져다준다.

펀딩을 전혀 받지 않고 아무런 출구 전략도 세우지 않은 채 탄생한 나의 아담한 파이낸셜 사무라이를 봐라. 이 금융 사이트를 라이프스타일 사업으로 운영한 덕분에 나와 아내는 물가가 비싼 샌프란시스코에서 전업 부모로서 두 아이를 기를 수 있다. 콜로라도주의 아름다운 휴양 도시 애스펀에 별장을 살 정도로 순자산이 많진 않지만 이 사업은 내게 가장 중요한 자산, 즉 시간을 벌어다 줬다.

부는 돈, 지위, 자유, 건강, 정신적 충만함 등 다양한 형태로 찾아온다. 일단 마흔을 넘기면 이런 무형의 가치야말로 소유해야 할 가장 중요한 부의 유형임을 깨닫게 될 것이다.

창업을 위한 3-30-3 프레임워크

기업가가 되는 것이 여전히 막연하게 느껴질 수도 있다. 사업을 시작했다가 전 재산을 잃는다면? 경제적·사회적으로 완전히 파산하고, 회사에 남은 동료들이 뒤에서 수군대는 소리를 들어야 할지도 모른다.

그렇다면 성공 가능성을 최대로 높이기 위해 3-30-3 프레임워크를 따라보자. 3년 동안은 직장에서 안정적으로 급여를 받으며 내 사업을 병행한다. 그리고 생활비의 최소 30%를 충당할 수 있을 만큼 사업의 순이익을 키워라. 사업이 크게 성장하는 전환점이 오면 3년 동안 모든 것을 사업에 쏟아붓는다. 만약 실패하면 예전 직장으로 다시 돌아가면 된다. 직장을 떠난 기간이 비교적 짧고, 사업 때문에 경력이 완전히 단절된 것도 아니기 때문에 가능한 일이다.

시간이 더 필요하거나 사업 이익이 성장하는 속도가 예상보다 빠르다면 굳이 3-30-3 프레임워크를 그대로 따르지 않아도 된다. 핵심은 모든 과정에 의도가 필요하다는 것이다. 때가 되면 직장에서 주 40시간 이상 근무할 필요가 없어질 것이다. 반면 3년 동안 사업에 별 진전이 없다면 다시 직장으로 완전히 돌아가 자금 낭비를 막아야 한다.

사업이 맞지 않다면

모든 사람이 사업가가 되고 싶어 하지도 않고, 사업이 다 적성에 맞는 것도 아니다. 그래도 괜찮다. 이미 자리 잡은 훌륭한 기업에 투자하는 더 편한 길을 선택할 수도 있다. S&P 500 지수를 추종하는 저비용 ETF는 투자 자산을 분산하고 포트폴리오를 안정적으로 운영하면서 효율성까지 확보하는 균형 잡힌 투자 대상이다. 상장 주식에 투자할 때는 S&P 500에 포함된 회사에 주로 투자해야 한다. 다만 일반적으로 이 회사들은 더 이상 엄청난 잠재력을 지닌 회사들이 아니다. 수십억 달러 규모로 알아서 굴려 가며 시장 점유율을 늘리는 데 집중하는 거인들이다.

진정 창업가 정신을 가진 기업에 투자하고 싶다면 벤처캐피털을 활용해라. 위험하고 현금화하기도 어렵지만 차기 유니콘 기업만 찾는다면 엄청난 이익을 얻을 수 있다. 차세대 애플과 관련된 펀드에 투자한다면 그 투자 수익은 어마어마할 것이다. 물론 우수한 비상장 기업만을 선별한 일류 벤처캐피털 펀드에 투자하는 것은 결코 쉬운 일이 아니다.

만기가 없는 개방형 펀드open-ended evergreen funds에 투자하는 방법도 있다. 이 펀드는 자금 인출이 자유롭고 환매 중단 기간이 없으며 펀드의 보유 자산을 투명하게 공개한다. 일부 개방형 펀드는 최소 투자액이 10달러 정도로 낮고 수수료는 그보다 더 낮다.[5] 선택할 수 있는 개방형 펀드는 점점 많아지고 있다.

비상장 기업에 투자하는 것은 사업성이 검증된 상장 기업에 투자하는 것보다 훨씬 더 위험하다. 일반적으로 벤처 투자를 받은 기업 열 곳 중에 한 곳만이 성과가 난다. 하지만 벤처캐피털리스트로 살아온 지 20년, 라이프스타일 사업을 운영해온 지는 16년이 넘은 내 경험에 따르면 자산의 일부를 활용해 비상장 기업에 투자해보는 것은 괜찮은 모험이다.

다만 비상장 기업을 평가할 수 있는 전문 지식이 없다면 엔젤 투자자로서 개별 비상장 기업에 직접 투자하는 것은 추천하지 않는다. 뚜렷한 우위를 점하고 있지 않는 한 성공 가능성이 낮기 때문이다. 대신 투자 가능 자산의 최대 20%를 탑티어 벤처캐피털 펀드에 투자하는 것을 고려해보자. 수수료는 높지만(운용을 맡긴 자산의 1~2%, 추가로 수익의 20~35%) 그만큼 높은 수익을 얻기 위한 기회비용이 된다. 기업들은 오랫동안 비상장 상태를 유지한다. 이것은 이익의 많은 부분이 비상장 기업 투자자들에게 돌아간다는 뜻이다. 그에 따라 자산을 배분하는 것이 현명하다.

성공하기 위한 기업가적 사고방식

사업가로서 새로운 여정을 시작하든, 투자자로서 비상장 기업

에 투자하든, 백만장자가 되기 위해서는 기업가적 사고방식이 반
드시 필요하다. 직장인으로 월급을 받아 성실히 저축하고 투자하
는 방법이 부를 축적하는 유일한 길이 아니라는 말이다.

끊임없는 연구개발과 기술 혁신으로 더 큰 이익을 추구하자. 기
업가는 기존 프로세스를 개선하기 위해 미래 지향적으로 행동한
다. 현 상태를 유지하기보다는 다른 사람들이 포기한 문제에 해
결책을 찾아낸다. 기업가들이 한 시간 동안 뜨거운 욕조에 몸을
담근 채 얼마나 많은 아이디어를 떠올리는지 들으면 깜짝 놀랄
것이다.

회복탄력성은 기업가의 특징이다. 그들은 사업 과정에서 다가
오는 좌절과 실패를 끊임없이 견뎌낸다. 기업가에게 좌절은 궁극
적인 성공을 향한 디딤돌이다. 실패에서 배움으로써 더 큰 행복
을 누리고 성공에 이를 수 있다.

기업가로 성공하기 위한 또 다른 핵심 요소는 평생 배우는 것
이다. 그들은 산업 동향에 관심을 기울이고 새로운 지식을 쌓으
며, 건설적인 피드백을 수용한다. 배움은 고등학교나 대학을 졸업
한 이후에도 끝나지 않는다.

마지막으로 성공한 기업가는 결단력 있게 행동한다. 지나치게
걱정하기보다 빠르게 결정을 내리고 목표를 향해 나아간다. 일이
계획대로 진행되지 않으면 방향을 전환한다. 이러한 실행 능력 덕
분에 아이디어를 현실로 만든다. 행동하지 않으면 아무것도 이루

어지지 않는다.

기업가가 되든 투자자가 되든, 기업가적 사고방식을 받아들이면 변화를 일으킬 수 있다. 이제껏 이루지 못한 성과를 향해 나아가보자.

 **백만장자의 비밀 노트**

☐ 모든 일에 기업가적 사고방식을 적용한다. 미래를 고민하고 혁신하며 성장할 방법을 찾고 평생 배움에 전념하라. 회복탄력성을 키우고 결단력 있게 행동하라.

☐ 사업에는 레버리지 효과가 적용된다. 기업의 가치 평가에는 매출이나 이익의 배수가 적용된다. 사업으로 돈을 더 벌 때마다 사업 가치는 그보다 훨씬 더 크게 증가한다.

☐ 직접 사업을 하고 싶지 않다면 벤처캐피털 펀드를 통해 사업가들에게 투자할 수도 있다. 개방형 펀드는 운용이 유연하고 투명하며 투자 최소액이 낮기 때문에 쉽게 시작할 수 있다.

☐ 개선의 여지가 있다고 생각하는 세 가지 비즈니스 모델을 적어본다. 그중 하나의 모델을 선택해 사업 계획을 짜고 사업을 시작해라. 처음부터 법인을 만들 필요는 없다.

☐ 창업의 성공 가능성을 높이기 위해 3-30-3 프레임워크를 따른다. 3년 간 직장과 사업을 병행하면서 생활비의 30% 이상을 충당할 수 있을 만큼 사업을 성장시킨다. 이후 다음 행보를 정하기 전에 3년 동안 직 장을 그만두고 사업에 전념한다.

☐ 처음 사업을 시작할 때는 생존 가능성을 높이기 위해 본인에게 아주 적은 급여를 지불하고 지출을 최소화해야 한다. 가급적 부업으로 시 작하는 것이 좋다. 직장에서 받는 안정적인 급여와 복지 혜택은 사업 에 대한 압박감을 줄여주고 사업이 성공하기까지 버틸 수 있는 여유를 제공한다.

☐ 나를 부자로 만들어주는 것은 급여가 아닌 주식이라는 점을 명심한다.

☐ 수입원이 몇 개인지 파악한다. 백만장자들이 확보한 일곱 가지 수입원 중 내가 놓치고 있는 유형은 무엇인가? 이 유형을 목록으로 정리하고 올 한 해 유형별 수입원을 추가할 수 있도록 이정표를 세운다.

실수하지 말고
불확실성을 줄여라

Millionaire
Milestones

사람들은 어떤 일에 실패했을 때 성실하게 노력하지 못한 것에 대해 온갖 변명을 늘어놓는다. 돈을 모으는 일도 마찬가지다. 다행히도 당신은 이 책을 읽었으니 더 이상 포기하지 않고 매달 돈을 모을 것이다. 아주 천천히라도 자산이 늘고 있다면 백만장자가 되기 위한 여정에 가속도가 붙는다.

그렇다면 그다음 단계는 무엇일까? 이 과정에서 지뢰를 밟지 않는 것이다.

잘못된 판단을 피하라

백만장자가 되기 위해서는 당연히 심각한 실수를 저지르지 않아야 한다. 하지만 많은 사람이 자신은 실수에 타격받지 않는다거나 실제보다 더 똑똑하다고 생각하면서 고집을 부린다. 하지만 사기꾼을 알아볼 수 있다고 자신했던 한 전직 경찰관은 멕시코 마약 카르텔이 운영하는 회원제 콘도 사기에 넘어가 90만 달러가 넘는 돈을 잃었다.[1]

개인 투자자들은 주식시장의 평균치보다 높은 수익률을 낼 수 있다고 믿으면서 매일같이 개별 주식을 사고 판다. 하지만 수많은 통계 자료를 보면 그들이 원하는 대로 된 적은 별로 없다. 심지어 전문 투자자들조차 주식시장을 상회하는 수익률을 내는 데 고전한다. 그러다가 어떤 종목에서 50% 손실을 입었다고 가정해보자. 이제 원금만 회수하려고 해도 주가가 100% 상승해야 한다. 이런 상황에서 개인 투자자들은 이 주식을 손절매하고 계속해서 잘못된 시점에 매매를 반복하는 악순환에 빠진다. 유감스럽게도 이와 같은 재정적 실수는 또 다른 크고 작은 잘못들과 함께 자주 발생한다.

사기의 피해자가 되지 않는 것도 중요하지만 실수로 자산을 잃지 않는 것 역시 매우 중요하다. FOMOFear Of Missing Out와 욕망을 억제해야 한다. 아무리 현명한 사람이라도 이런 감정에 지배당하면 경제적으로 성장할 수 없다. 시간이 지날수록 포기하고 흘러가는 대로 대충 내버려두기 쉬우므로 항상 자신의 재정 건전성을 유심히 살펴야 한다. 부족한 지식과 전문성을 더 높일 수 있도록 끊임없이 노력해라. 이런 점을 무시하면 언젠간 소파에 주저앉아 자기 연민에 빠져 '왜 하필 나야?'라고 한탄하게 될

지도 모른다.

초보 투자자가 자주 하는 실수들

지금부터는 재정관리에서 반드시 피해야 할 여덟 가지 치명적인 실수를 살펴보겠다. 이런 실수의 종류를 알고 있으면 잘못된 의사결정으로 인한 실패를 예방함으로써 시간을 절약하고 불안을 줄일 수 있다. 이혼 비용 등 인간관계에서 생기는 장애물에 대해서는 '8단계'에서 다룰 것이다.

① 신용 관리에 소홀한 것

씨티Citi와 체이스Chase 같은 대형 은행들은 손쉽게 신용점수를 확인할 수 있는 서비스를 제공한다. 잘 모르겠다면 은행 직원에게 문의해보자. 만약 정기적으로 신용점수를 모니터링하고 있지 않다면 그것부터 시작해야 한다.[•]

왜 그럴까? 신용점수가 낮으면 재정 건전성에 부정적인 영향을 미치게 된다. 무엇보다 대출받기가 어려워진다. 부채에 지불해야 하는 금리가 더 높게 책정되면 보험료와 월세를 더 많이 내야 할

● 우리나라에서는 카카오뱅크나 토스뱅크, 그 외에 은행 인터넷 앱 등으로 신용점수를 빠르게 확인할 수 있다.

수도 있다.

신용점수 시스템을 잘 모르거나 다시 한번 확인해봐야 한다면 다음을 참고하자. 신용점수는 아래처럼 나누어진다.●

800~900 = 최우수

740~799 = 우수

670~739 = 보통 이상

580~669 = 보통 이하

250~579 = 낮음

● 우리나라에서 신용점수를 측정하는 기관은 크게 나이스(NICE)와 올크레딧(KCB) 두 곳이다. 두 업체의 신용 등급표는 다음과 같다. 보통 6등급 이하는 대출을 받기가 어렵다.

나이스와 올크레딧 신용 등급표 *2025년 기준

등급	나이스	올크레딧
1	900~1000	942~1000
2	870~899	891~941
3	840~869	832~890
4	805~839	768~831
5	750~804	698~767
6	665~749	630~697
7	600~664	530~629
8	515~599	454~529
9	445~514	335~453
10	0~444	0~334

출처: 나이스, 올크레딧

신용점수는 다섯 가지 요소로 구성된다. 결제 이력 35%, 신용 활용도 30%, 신용 이력 기간 15%, 신규 개설한 신용 계좌 수 10%, 사용한 신용의 종류 10% 등이다.

최우수 등급을 받고 이를 유지하는 것을 목표로 삼자. 신용 거래의 빈도를 줄이고 연체 없이 제때 결제하면서 신용도를 체계적으로 관리해야 한다. 그리고 신용 사용 비율(미결제 잔액을 신용카드의 전체 한도액으로 나눈 값)을 25% 이하로 유지하는 것이 좋다.

신용점수가 좋으면 대출을 더 쉽게 받을 수 있을 뿐 아니라 금리도 더 낮게 책정된다. 금리가 낮으면 이자 부담이 적어 집을 사기 쉽지만 금리가 높으면 그렇지 않다. 금리는 주택 구입의 갈림길을 만든다.

믿거나 말거나지만 신용점수가 높으면 더 호감 가는 사람으로 보일 수도 있다. 어떤 고용주는 채용을 결정하기 전 서면 동의를 받고 신용 정보를 조회한다. 어떤 데이트 앱은 가입하려면 신용점수가 최소 675점 이상이어야 한다.[2]

② 탐욕에 지는 것

어떤 상황에서도 힘들게 번 돈을 불필요한 데 낭비하지 않도록 주의해야 한다. 신용카드 대출, 소액 단기 대출, 개인 대출과 같은 고금리 부채를 제대로 관리하지 못하면 부를 쌓기는커녕 재정 상태가 악화될 수 있다.

과소비하고 저축하지 못하는 것은 파산으로 가는 지름길이다. 자산이 1000억 달러가 넘는 버핏조차도 신용카드 평균 이자율을 웃도는 연 복리 수익률을 지속적으로 거두지는 못했다.

아직 수중에 들어오지 않은 돈은 당신 몫이 아니다. 낭비는 백만장자로 향하는 여정을 매우 어렵게 만드는 요인이다.

나는 당신이 평생 상상했던 것보다 더 많은 부를 쌓길 바라지만, 탐욕에 휩쓸리지 않는 겸손함은 늘 필요하다. 막대한 부를 쌓은 사람이라도 탐욕이나 실수에서 자유롭지 않다. 부의 정점에서도 중심을 잡고 경계를 늦추지 말자. 충분한 돈에 만족할 줄 아는 것이 부를 쌓는 열쇠다.

③ 소득을 잘못 추정하는 것

향후 수년간의 소득을 추정할 때는 주의를 기울여야 한다. 소득이 높아질수록 변동성도 커진다. 예를 들어, 투자은행에서 소득이 가장 높은 직원은 1년에 100만 달러가 넘는 연봉을 받지만 그 보상이 계속해서 우상향하지는 않는다. 그들의 연봉에서 상당 부분은 회사의 재량으로 지급하는 연말 보너스로 채워지므로 경기 침체기에는 총보수가 70% 이상 줄어들기도 한다.

높은 소득은 대개 성과와 연동되어 있고, 시장의 영향을 크게 받으며, 더 많은 감시를 받고, 통제 불가능한 여러 요인에 좌우된다. 반면 낮은 소득은 비교적 안정적이다.

예상치 못한 결과

2007년, 나는 절대 실패할 일이 없다고 확신했다. 크레디트 스위스Credit Suisse의 부사장으로 3년째 재직하면서 역대 최고 연봉을 받고 있었기 때문이다. 그래서 돈을 모으는 대신 팰리세이즈 타호Palisades Tahoe 리조트의 침실 두 개짜리 객실을 72만 달러에 매입했다.

당시에는 좋은 거래를 했다고 생각했다. 매도인이 딱 1년 전에 그 집을 81만 5000달러에 샀기 때문이다. 안타깝게도 세계금융위기를 겪으며 이 콘도의 가격은 50% 폭락했고, 나는 불필요한 물건을 산 것을 후회했다.

당시에는 향후 5~10년 동안 소득이 계속 증가할 것이라고 예상했지만 2008년에 내 소득은 40% 감소했다. 거의 반 토막이 났던 것인데, 이후 금융업계를 떠날 때까지 다시는 2007년 수준의 연봉을 받지 못했다.

고가의 물건을 사기 전에는 반드시 나의 소득과 자산에 대한 낙관적·현실적·비관적 시나리오를 세심하게 비교해보자. 그중 비관적 시나리오에서 그 물건을 구매하고 유지할 여력이 없다면 사지 않아야 한다.

④ 지출과 세금 부담을 과소평가하는 것

은퇴와 그 후의 미래를 계획할 때는 지출과 세금 부담을 현실적으로 추정하는 것이 매우 중요하다. 재정 상태를 미리 파악하기 위해 인터넷에서 제공하는 무료 은퇴 계산기를 활용하는 것도 좋은 방법이다.[3] 자신의 재정 상태를 더 꼼꼼하게 계산할수록 미래를 더 효율적으로 최적화할 수 있다.

미래는 아무도 모른다. 앞으로 필요한 돈과 지출액을 정확히 예측하는 것도 불가능하다. 하지만 최대한 가깝게 추정해서 예산에 맞춰 지출을 조정해야 한다.

어느 해, 나는 사업에서 얻는 연봉을 1년 전 12만 달러에서 16만 달러로 인상하기로 결정했다. 성과에 대한 자신감이 있었기 때문에 24%에 달하는 연방 소득세를 내는 것도 신경 쓰지 않았다. 그러나 몇 년 전 투자했던 부동산 사모펀드에서 대규모의 배당금을 받게 될 것은 예상하지 못했다. 결국 소득이 크게 늘어나면서 소득세율 구간이 32%로 높아졌다. 그 결과 그해 예상했던 것보다 약 2만 5000달러나 세금을 더 냈다. 소득과 세금에 대한 최적화 계획이 실패했던 것이다.

⑤ 신용거래에 올인하는 것

100만 달러를 모으다 보면 매우 공격적으로 투자하고 싶은 유혹이 찾아온다. 그중 하나가 신용거래다. 대다수 사람에게 신용거래는 비효율적인 투자 전략이다. 장기적으로 시장보다 높은 수익률을 거두지 못하기 때문이다.

생소할 수도 있지만, 신용거래란 쉽게 말해 증권사에서 대출을 받아 주식을 거래하는 것이다. 자기자본으로만 금융 상품을 매매하는 전통적인 방식과는 다른 방법이다. 신용거래는 다음과 같은 이유로 피하는 편이 좋다.

첫째, 신용거래를 하면 시장 타이밍을 호시탐탐 노리는 적극적인 투자자가 된다. 이런 접근 방식은 장기적으로 지수를 추종하는 수동적인 투자보다 낮은 수익률을 거두기 마련이다. 전문 투자자들조차 5~10년으로 기간을 늘려보면 시장 수익률을 밑도는 경우가 많다. 하물며 일반인에게 신용거래는 훨씬 더 위험한 시도다.

둘째, 신용거래로 주식을 매수하면 투자 성과가 부진할 경우 대출금으로 인해 그 손실이 더욱 확대된다. 주의하지 않으면 주식을 전부 잃을 수도 있다.

셋째, 신용거래를 할 경우 차입 비용이 평균 4%에서 14%로 상당히 높아진다. 이 비용은 돈을 빌려준 중개인이나 증권사에 주는 이자에 해당한다.

넷째, 신용거래는 감정적 소모가 크다. 신용거래에서는 수익과 손실이 증폭되기 때문에 투자자는 변동성에 따라 일희일비하기 쉽다. 감정적 혼란은 가족 관계에도 부정적인 영향을 미친다.

마지막으로 주가가 폭락하고 마진콜이 발생하면 최악의 경우 포지션을 정리해야 할 수도 있다(마진콜이란 계좌의 가치가 최소 기준 아래로 떨어졌을 때, 증권사가 자기자본 비율을 높이라고 요구하는 것이다). 신용거래로 큰돈을 잃는다면 귀중한 시간도 함께 잃는다. 손실을 만회하기 위해 1년, 3년, 5년, 심지어 10년을 더 일해야 할 수도 있다.

신용거래는 단기간에 자금을 조달할 필요가 있을 때는 유용할 수 있지만 여러 단점을 고려하면 장기 투자에는 현명하지 못한 선택이다.

⑥ 데이트레이딩을 하는 것

하루 안에 매수와 매도를 모두 마치는 데이트레이딩은 시간과 돈을 낭비하는 짓이다. 매수 후 보유 전략과는 정반대의 투자 방법으로, 수익을 얻기 위해 짧은 시간 동안 쉬지 않고 손품을 팔아야 한다. 게다가 노력에 대한 보상 대비 스트레스가 크다. 그보다는 시장의 추세를 따라가며 꾸준히 이익과 배당을 늘려가는 우량 기업에 투자하는 편이 훨씬 낫다. 기업의 경영진과 직원들이 나를 위해 일하게 만들어라.

나는 대학교 3학년 때 처음으로 데이트레이딩을 시작해서 취직한 후에도 20대 내내 이를 지속했다. 그러다 보니 업무에 집중하지 못하고 시간을 낭비해 경력 발전에 방해가 되었다. 상사가 두어 번 나를 불러 적당히 하라고 말한 적도 있었다. 30대가 된 후에는 데이트레이딩을 거의 하지 않았다. 일에 집중하면 훨씬 더 많은 돈을 벌 수 있다는 사실을 깨달았기 때문이다.

단기적으로 시장 타이밍을 맞추려고 노력해봐야 효과가 없다. 결국에는 소득세 신고 시기에 엄청난 양의 거래 내역을 정리할 일만 남는다. 운이 좋다면 아주 작은 이익 정도는 남겠지만 말이다. 주식 보유 기간이 1년 미만인 경우 수익에 따르는 양도소득세가 높아지므로 투자의 수익률은 감소한다. 정말로 이익을 내고 싶다면 데이트레이딩을 절대 하지 마라.

⑦ 투자 성향에 맞지 않게 자산을 관리하는 것

장기적인 성공에서 자신의 투자 성향을 제대로 파악하는 것은 매우 중요하다. 사람들은 감당할 만한 손실 규모를 늘 과대평가한다. 2008년과 같은 심각한 하락장을 제대로 겪어본 적이 없기 때문이다. 너무 큰 위험을 감수하면 평생 모은 돈을 전부 날려버릴 수도 있다. 반면 위험을 너무 회피하면 원하는 기간 내에 경제적 목표를 달성하기 어렵다.

자신의 위험 감수 성향을 정량화하려면 투자 손실을 만회하기 위해 포기할 수 있는 시간, 즉 추가로 일할 수 있는 시간을 측정해보면 된다. 시간이 길수록 위험 감수 성향이 높고, 짧을수록 위험 감수 성향이 낮다고 보면 된다. 이것이 내가 제안하는 '사무라

이 주식 투자 원칙Samurai Equity Exposure Rule, SEER'이다. 다음 공식
으로 수치화해보자.

$$\text{상장 주식에 대한 투자 노출액} \times \frac{35\%}{\text{월 총소득}} = \text{위험 감수 성향}$$

여기서 35%는 하락장일 때 주식의 평균 하락률이다. 예를 들
어, 50만 달러 치 주식을 보유하고 있고 소득이 매달 1만 달러라
면 위험 감수 성향은 17.5다. 즉 35% 하락장에서 입은 손실을 만
회하려면 17개월 반, 거의 1년 반을 더 일해야 한다는 뜻이다. 세
후로는 매달 약 8,000달러밖에 벌지 못하기 때문에 실제로는 약
22개월을 더 일해야 하고, 그 기간 동안 세후 소득의 100%를 쏟
아부어야 원래 상태로 돌아갈 수 있다.

이 공식에 따라 12~24개월을 더 일할 의향이 있다면 위험 감수
성향이 중간 수준이다. 그 기간이 36개월, 즉 3년 이상이라면 위험
감수 성향이 높은 편이다. 나는 두 명의 어린 자녀를 둔 47세의
피곤한 아빠로서 손실을 만회하기 위해 12개월 이상은 일하고 싶
지 않다. 그래서 스스로 중간과 보수적인 수준 사이에 있는 투자
자라고 생각한다.

우리는 우리가 무엇을 모르고 있는지 모른다. 따라서 은퇴를
위해 투자하고 계획을 세울 때는 다양한 시나리오를 검토해봐야

한다. 나의 경우, 수익 추정과 관련해 401k와 일반 투자 자산에 보수적·현실적·낙관적 시나리오를 모두 대입해보았다.[4] 60대가 되었을 때 생활비를 예측하기 위해서였다. 스프레드시트 대신 무료 은퇴 계산기를 이용한다면 쉽게 결과를 얻을 수 있다.

자신의 위험 감수 성향에 맞게 자산을 관리하는 일은 늘 중요하다. 그러므로 매년 보유 자산을 심층적으로 분석해야 한다. 투자 성과가 좋지 않았던 해를 마무리할 때는 배우자나 가까운 친구와 함께 지난 투자의 결과와 거기에서 느낀 점을 진솔하게 나눠보자. 무엇이 잘못되었는지 짚어보고 시간을 되돌릴 수 있다면 수정할 점을 이야기해보자. 자신의 진짜 위험 감수 성향을 알아내려면 몇 년에 걸쳐 계속해서 조정해야 한다.

⑧ 돈을 빌려주는 것

현금만 받는 바에서 친구에게 30달러를 빌려주는 것과 아무 이유 없이 100달러가 넘는 돈을 빌려주는 것은 전혀 다르다. 누군가가 한 끼 식사나 음료수 두어 잔 값보다 더 많은 돈을 빌리려고 하면 상황이 어색해진다. 부탁을 거절하면 관계가 나빠질 수 있고, 부탁을 들어준다고 해도 상환이 늦어지거나 돈을 갚지 않으면 마찬가지로 관계가 깨지게 된다.

이때 가장 좋은 방법은 돈을 빌려주지 않는 것이다. 경제적으로 여유 있는 상황에서 가까운 사람이 돈을 부탁하면 차라리 그냥 주는 것을 생각해봐라. 상대방에게 그 돈이 선물이라는 사실을 밝힐지 말지는 당신의 선택이다. 다만 여기서 핵심은 상환을 기대하지 않는 것이다. 친구가 경제적으로 재기해 당신이 베푼 호의를 갚는다면 보너스를 받는 기분이 들 것이다.

인생의 변수를 슬기롭게 극복하라

내가 파이낸셜 사무라이 구독자들에게 늘 강조하는 메시지는 예상치 못한 변수를 고려해야 한다는 것이다. 설사 세상에서 가장 완벽한 계획을 세웠다고 하더라도 인생은 직선으로 흐르지 않는다. 목적지까지 가는 길에 지연이 되기도 하고 군데군데 장애물과 굴곡, 구덩이, 우회로, 심지어 거대한 싱크홀까지 있을지도 모른다. 이 책을 읽고 난 후에도 해고, 이혼, 질병, 사고, 비효율적인 의사결정 등 여러 가지 변수로 인해 금전적인 어려움을 겪을 수 있다. 때로는 모든 일을 완벽하게 해내고도 문제가 생긴다. 예상치 못한 일에 잘 대비할수록 성공에 가까워진다. 실패를 가정하고 해결책을 미리 마련하는 리스크 관리 기법인 프리모템 premortem을 활용해보자. 더 많은 고민과 노력이 필요하지만, 인생의 변수에 대처하는 능력치를 크게 높여준다.

가능성이 얼마인가?!

우리 아들이 다니는 학교에서는 시계가 8시 30분을 가리키면 출석 감독관이 곧바로 지각한 학생들을 기록한다. 여섯 번 지각하면 선생님이 학부모에게 이 사실을 알린다.

그래서 나는 아이를 늘 5분 일찍 등교시키려고 노력한다. 그러던 어느 날, 등굣길에 예상치 못한 장애물을 맞닥뜨렸다. 거대한 유칼립투스가 도로에 쓰러져 네 차선 중 세 차선을 막고 있었던 것이다. 전날 밤 폭우로 흙이 젖고 물이 넘치면서 여기저기 나무가 쓰러져 있었다. 설상가상으로 신호등까지 고장 났다. 앞에 가던 차가 다른 차를 들이받으면서 상황은 더 나빠졌다. 도로는 거대한 주차장이 되어버렸다.

결국 이러한 변수 때문에 우리는 학교에 15분 늦게 도착했다. 이제는 밤에 폭풍우가 몰아치면 지각하지 않도록 다음 날 더 여유롭게 집을 나선다.

유럽계 유대인들의 오래된 속담에 '멘쉬 트라흐트, 운 고트 라흐트_{Mensch tracht, un Gott lacht}'라는 말이 있다. '인간이 계획하면 신은 웃는다'라는 뜻이다. 살면서 잘못될 일은 결국 잘못되기 마련이다. 언제나 부정적인 시나리오에 대비해라. 최선을 기대하되 최악을 예상해야 삶도, 투자도 편안해진다.

전직으로 백만장자가 될 수는 없다

지금 직업이 너무 싫어서 다른 일을 하고 싶다고 불평한 적이 있는가? 아마 아주 많을 것이다. 사실 대부분의 직장인들이 열정적으로 일하지 않는다.[5] 안타깝지만 변화는 쉽지 않다. 게다가 새로운 업종으로 갈아타면 백만장자가 되는 여정이 느려질 수 있다. 특히 아직 25만 달러라는 첫 번째 전환점에 도달하지 않았다면 더욱 그렇다. 정말로 새로운 길을 가고 싶다면 실행하기 전에 위험을 철저히 조사해야 한다. 이것은 돈과 시간이 걸린 문제이기 때문이다.

경제적인 관점에서 전직에 필요한 비용도 계산하자. 예를 들어, 2년 동안 MBA에 다니고 싶다면 총학비와 그 기간 동안 포기해야 하는 급여 및 시간까지 합산해야 한다. 제비용을 새 직업에서 얻을 수 있는 잠재적 수입 및 높아진 만족도와 비교해보자.

경력 전환에 성공하더라도 대부분은 연봉이 낮아질 수밖에 없다. 뛰어들고 싶은 분야의 경력자를 만나서 그 분야의 장단점을 모두 들어봐라. 기대치가 높을수록 실망하는 일도 많다.

파산으로부터 스스로를 지켜라

누구나 살면서 돈을 잃어본 적이 있다. 개중에는 보통 사람들보다 훨씬 더 많이 잃은 사람도 있다. 실패하고 싶은 사람은 아무도 없겠지만, 마음을 굳게 먹고 올바른 도구를 사용한다면 아무리 깊은 구덩이라도 빠져나올 수 있다. 크게 성공한 사람들 가운데도 투자에 실패하거나 과소비에 빠져서 파산하는 경우가 종종 있다. 똑똑하고 심지가 굳은 사람들은 이러한 실수에서 새롭게 배울 뿐 아니라 재능과 인맥을 활용해 오히려 이전보다 더 강해진다.

가수 레이디 가가는 끊임없이 갈고닦는 뛰어난 실력과 두려움 없는 자기 표현으로 언제나 세상을 충격에 빠뜨린다. 그런 그가 파산했었다는 사실을 알고 있는가? 두 번째 월드 콘서트 투어였던 '몬스터 볼The Monster Ball' 이후 그는 스타덤에 오른 동시에 300만 달러의 빚더미를 껴안았다.[6] 투어 덕분에 그는 성공적으로 이름을 알렸지만, 한껏 욕심을 낸 무대 연출과 의상 때문에 오히려 적자를 봤다. 흥미롭게도 다른 사람들은 그가 파산했다고 말하기 전까지 그렇게 많은 빚을 지고 있는 줄 전혀 몰랐다고 한다.

다행히 레이디 가가는 더 많은 히트곡과 앨범을 내고 투어를 돌았다. 또한 여러 텔레비전 쇼와 영화에 출연했고, 브래들리 쿠퍼와 호흡을 맞춘 영화 〈스타 이즈 본〉의 주제가 '섈로Shallow'로 오스카 주제가상을 받기도 했다. 빚더미에 앉고 나서 약 13년 후에 그는 대략 1억 5000만 달러의 순자산을 보유하게 되었다.[7]

실수한 후에 멋지게 재기하는 사람들도 있지만 대부분은 그렇지 않다. 그러니 언제든 재정을 신중하게 관리하자. 재무관리라는 게임에는 엔딩이 없다. 그리고 자동으로 재시작하지도 않는다.

모든 걸 잃는다면 스스로 몸을 일으켜 처음부터 천천히 손실을 만회해가는 정신력이 필요하다.

큰 손실로부터 스스로를 보호하라

얼마 안 되는 돈을 찔끔찔끔 잃는 것은 괜찮지만, 반드시 피해야 할 것은 큰 손실이다. 재정적 위험을 헤쳐나가며 예상치 못한 난관을 극복하려면 계획을 전략적으로 세우고 자산을 견고하게 방어해야 한다. 하지만 여기서 주목해야 할 점이 있다. 외부의 위험을 피하는 것만큼 자신의 실수나 결정 오류에서 스스로를 보호하는 것도 중요하다는 점이다.

건강, 행복, 성공에 우선순위를 두고 균형을 이루는 최적점을 찾자. 이 지점을 찾는다면 위험에서도 안전하고 백만장자로 가는 길에도 들어설 수 있다.

백만장자의 비밀 노트

생각해볼 것

☐ 나를 비롯해 가까운 사람들이 왜 과소비하거나 노후 자금을 모으지 않거나 시간 관리에 실패하는지, 또는 힘든 일을 피하고 부족한 지식에 대해 변명을 늘어놓는지 생각해보자. 이제 적절한 행동을 취하면 상황이 얼마나 좋아질지 떠올려보자.

☐ 소득, 지출, 세금을 되도록 정확하게 추정하자. 소득이 커질수록 향후 변동성은 높아진다.

해야 할 것

☐ 핑계를 대지 않는다. 저축을 시작하면 납입을 자동화해라. 25만 달러 달성을 목표로 노력하고 있다는 사실을 잊지 마라.

☐ 탐욕, 과소비, FOMO에 굴복하지 않기 위해 매주 감사한 일을 목록으로 적어 살펴본다.

☐ 신용을 소중하게 보호한다. 제때 결제하고, 너무 많이 빌리지 말고, 신용 기록을 쌓고, 신용 소비를 25% 이하로 유지하자. 신용등급을 최우수(800점 이상)로 만들고 이를 유지한다.

☐ 나만의 투자 기준을 만들고 그것을 지속적으로 관리한다. 6개월마다 위험 감수 성향을 점검하라.

- ☐ 친구와 가족에게 돈을 빌려주지 않는다. 진심으로 누군가를 돕고 싶고 도울 여력이 있다면 빌려주는 대신 그냥 주는 것을 고려하자.

- ☐ 신용거래에 올인하지 말고, 데이트레이딩을 하면서 시간과 돈을 낭비하지 마라. 이 방법으로는 장기적으로 시장을 넘어서는 수익률을 낼 수 없기 때문이다.

- ☐ 경력 전환에 드는 비용을 면밀히 계산하고 성급하게 행동하지 마라.

- ☐ 겸손함을 유지하고 방어를 게을리하지 않는다. 예상치 못한 변수와 어려움에 대비가 잘되어 있을수록 큰 손실로부터 자산을 효과적으로 보호할 수 있다.

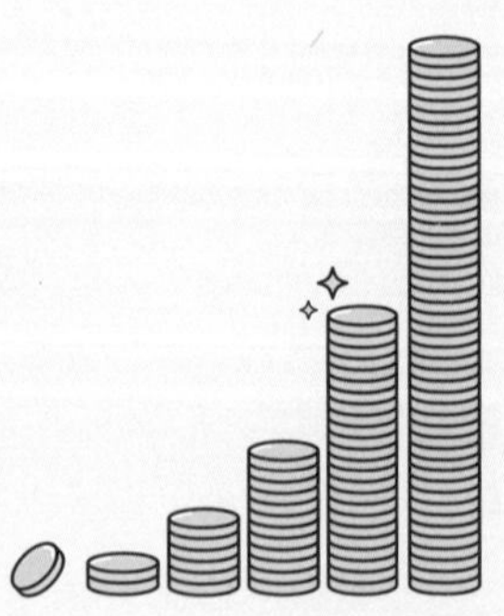

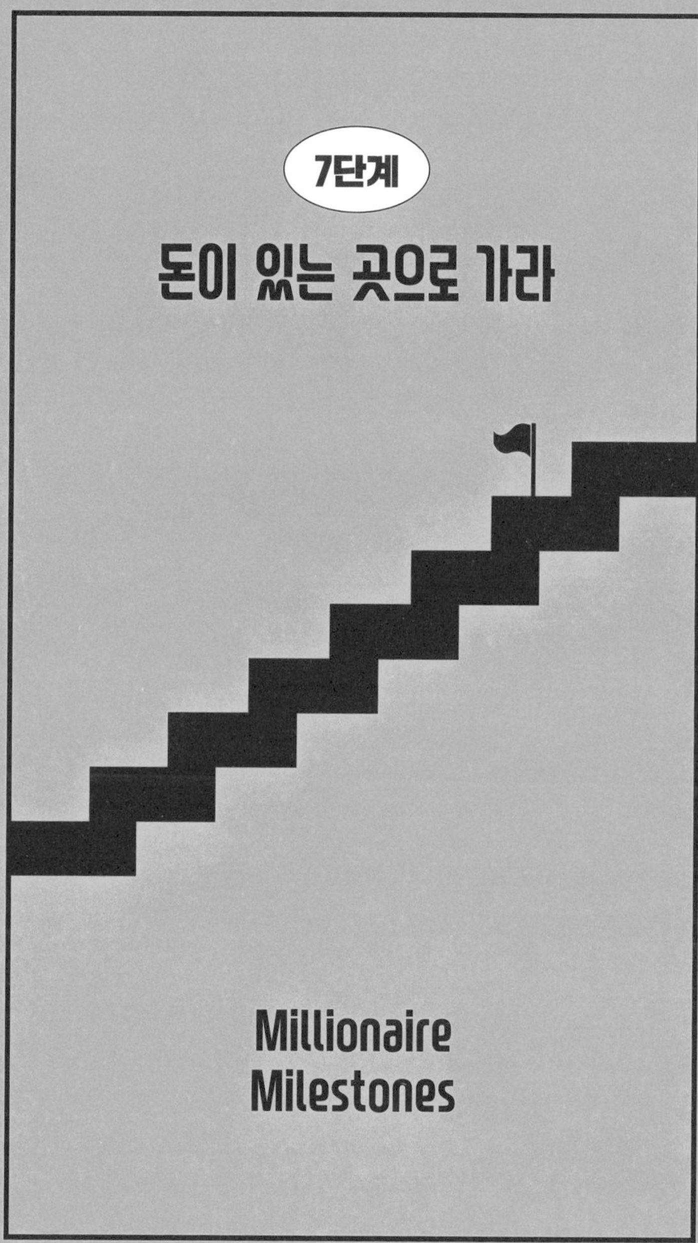

돈이 있는 곳으로 가라

Millionaire Milestones

계속해서 부자로 살고 싶다면 적절한 타이밍에 적합한 장소에 머무르는 게 생각보다 중요하다. 이 두 가지 요소, 바로 '적절한 타이밍'과 '적합한 장소'를 기억하자. 적합한 장소에 있는 것은 비교적 내 뜻대로 하기 쉽다. 또한 좋은 도시로 이사하면 좋은 타이밍을 잡을 가능성도 커진다. 아무리 똑똑하고, 성실하고, 카리스마 있는 사람이라도 거주하는 지역에서 가장 큰 기업이 고작 허름한 식당이라면 부자가 될 가능성은 낮아진다.

예전 여자친구의 부모님은 버지니아주 애빙던에 거주하셨는데, 그곳에서 인생 최고의 그릴드 치즈 샌드위치를 먹었던 기억이 선명하다. 애빙던은 우리가 다니던 윌리엄앤드메리대학교가 있는 버지니아주 윌리엄스버그에서 차로 다섯 시간 거리에 있는 도시였고, 친절한 사람들이 사는 아름다운 동네였다. 하지만 식사 후에는 아웃렛을 돌아다니거나 밤하늘의 별을 구경하는 것 말고는 달리 할 일이 없었다. 내가 도착한 다음 날, 여자친구의 아버지가 우편함에서 KKK 전단지를 발견했는데 그때 나는 아시아계 미국인으로서 이곳은 내가 자산을 키우며 정착할 만한 곳이 아니라고 판단했다.

소득이 높은 대도시에서 살아야 하는 이유

돈을 더 많이 벌 수 있는 좋은 방법 중 하나는 고소득 일자리가 많은 도시로 이사하는 것이다. 이사 전에 미리 입사를 확정해두면 더 좋다. 그렇지 않으면 처음에는 다른 사람과 함께 가장 싼방을 빌려야 할지도 모른다.

재택근무가 보편화되면서 많은 사람이 어느 지역이든 더 저렴한 곳에서 살 수 있게 되었다. 하지만 업종과 기업에 따라 재택근무는 재량적으로 지원하며, 이제는 더 이상 지원하지 않는 회사도 많아졌다. 게다가 재택근무는 승진을 거듭하고 커리어에서 탄탄한 기반을 쌓은 후에 하는 것이 좋다. 자칫 동료들의 시야에서 벗어나 직장 내 관계에서 소외되면 성장 잠재력이 저하될 수도있기 때문이다.

소득이 높은 대도시에서 살면 더 높은 연봉, 더 많은 인맥을 쌓을 기회가 생기고 새로운 기술과 스타트업을 자주 접하면서 경력을 발전시키는 데 유리하며, 더 나은 라이프스타일도 만들 수 있다. 또한 주요 대도시에는 최고의 교육 및 의료 시스템, 문화 시설, 다양한 인프라, 고급 서비스가 갖춰져 있고, 여기에서 파생된 투자 기회와 부동산 가격 상승 혜택까지 누릴 수 있다.

소득이 높은 대도시로 이사를 하든 안 하든 이런 지역의 부동산에 투자하는 것은 고려해보자. 부동산은 한 번 오른 지역이 계속 상승하는 경향이 있다. 자산을 키우는 데 부동산의 중요성을 다시 확인하고 싶다면 '4단계'를 참고하라.

신흥 도시 지역은 어떨까?

고소득 대도시 지역은 앞으로도 틀림없이 수십 년 동안 소득 상위권에 머무를 것이다. 그러나 시간이 흐르면서 다른 지역에 밀려 순위에서 벗어나는 도시도 있다. 그렇다면 향후 소득 순위가 급등할 곳은 어디일까? 현재 소득 상위 지역 중 딱히 마음에 드는 곳이 없다면 특히 궁금할 질문이다.

순위 급등 지역을 파악할 수 있는 두 가지 핵심 요소가 있다. 첫 번째는 교육 수준이고, 두 번째는 노동 유형이다. 대졸 이상의 학력을 가진 사람들은 대체로 지식 기반 직업, 특히 기술, 금융, 컨설팅, 전문 서비스 분야로 진출한다. 이들 산업은 경제에서 점점 더 큰 비중을 차지하고 있는 고임금 직종이다. 일단 한 지역에 일자리를 창출하는 모멘텀이 생기면 그 흐름이 지속되는 경향이 있다. 더 좋은 일자리가 더 많은 사람을 끌어들이고, 더 많은 사람이 더 큰 기업을 끌어들이며, 더 큰 기업이 더 나은 인프라를 구축하고, 더 나은 인프라가 훨씬 더 많은 사람을 끌어들이는 선순환이 이어지는 것이다.

현재 사는 곳이 마음에 들지 않는데 일자리를 바꿀 수도 없다면 주거지를 옮기기 위한 계획을 세워보자. 다만 구체적인 목표를 세워 실행하기 전에 '시험 삼아 먼저 살아볼 것'을 추천한다. 다음 휴가 때 목표 지역에 머무르며 자세히 탐색해보고 그곳이 마음에 든다면 이사하기 전에 그 지역에서 일자리를 구하려고 노력하자. 이사를 할 때는 제반 비용이 많이 든다. 게다가 연봉이 높은 일자리는 당연히 채용 경쟁이 치열하다.

현실적인 이사 비용을 고려하라

미국인들은 18세 이후 평균적으로 약 아홉 번 이사한다.[1] 꽤 많은 횟수지만 나는 이 통계가 맞다고 생각한다. 나만 해도 18세에서 47세 사이에 이사를 열 번 했기 때문이다. 맨해튼에서 두 번, 샌프란시스코에서 여덟 번이었다.

월세 인상, 이직, 주택 구입, 연애의 시작(혹은 결별), 특정 라이프스타일에 대한 욕구 등 이유가 무엇이든 일단 이사를 결심하면 짐을 옮기는 비용 외에도 여러 가지 경비가 뒤따른다. 월세나 주택담보대출 상환액이 늘어나는 것처럼 명확한 비용도 있지만 통근 시간, 주거 지역, 급여, 생활방식의 변화로 인한 스트레스처럼 주관적인 비용도 있다. 한편 좋은 회사라면 신규 채용자의 이사 비용과 임시 숙소 비용을 기꺼이 지불해준다. 채용 계약서에 서명하기 전에 회사에서 이주 비용을 부담해줄 수 있는지 반드시 물어봐야 한다.

앞으로 살면서 몇 번이나 더 이사를 할 것 같은지 따져보자. 그다음 이사에 드는 비용을 추정하고 그 총액을 저축 목표액으로 설정하자. 재무관리에 이사 비용을 미리 포함해두면 은퇴와 투자 목표에 차질을 빚지 않고도 추가 비용을 감당할 수 있다. 그러고 나서 이사로 인해 재정 상태가 개선될 것 같다면 자신감을 가지고 과감히 실행해도 좋다. 마음에 들지 않으면 언제든 다시 돌아오면 된다.

생활비를 줄이겠다고 개발도상국으로 이사할 필요는 없다. 이런 변화는 충격이 너무 크기 때문이다. 가장 현실적인 지리적 차익geoarbitrage 전략은 살고 있는 도시 안에서 적합한 곳을 먼저 살펴보는 것이다. 같은 도시 권역에서 이사하면 적응하기 쉽고 비용도 충분히 절감할 수 있다. 급여는 그대로지만, 고작 몇 킬로미터 떨어진 곳으로만 이사해도 깜짝 놀랄 만큼 많은 돈이 절약된다.

예를 들어, 나는 2014년에 샌프란시스코에서 서쪽으로 8킬로미터 떨어진 지역으로 이사해 생활비를 약 40%나 절약했다. 그곳은 주거 비용부터 이발 비용까지 모든 것이 훨씬 저렴했다. 자연스레 그만큼 급여가 늘어나는 효과를 누렸다.

인구밀도가 낮은 지역은 교통 체증이 없고 쓰레기가 적으며 범죄율이 낮다. 여기에 더해 녹지가 많고 상품과 서비스가 저렴해 삶의 질이 높아진다. 다만 편의 시설이나 오락 시설, 의료 시설 등이 적을 수는 있다. 이런 장단점을 이사하기 전에 많이 조사해야 한다. 인생 전체가 흔들린 다음 실수했다고 느끼는 일만큼은 피해야 하니까 말이다.

재택근무를 하면서 이러한 지리적 차익을 누릴 수 있다면 어떨까? 하지만 경력이 짧을 때는 재택근무가 경력 발전과 연봉 인상에 방해가 될 수 있다. 사람들은 자신이 신뢰하는 사람을 승진시키고 연봉을 높여주는 경향이 있다. 즉 재택근무를 선택한다면 관리자나 동료들과 유대감을 형성하기 어렵다는 뜻이다. 한편으로 의료, 소매, 서비스업처럼 대면 인력이 필요한 업종에서는 물가상승률보다 더 빠르게 임금이 오르고 있다.[2] 재택근무에 대한 선택권이 있다면 장단기 비용을 세세하게 파악하고 충분히 조사해라. 업무 경력이 10년이 될 때까지는 재택근무의 꿈을 가급적 미뤄두길 권한다.

2000만 달러짜리 복권

부자가 되려면 노력과 기술이 필요하지만 부자가 될 가능성을 극대화하려면 적합한 장소에 사는 것이 훨씬 더 중요할지도 모른다. 소득이 높은 대도시 지역에는 좋은 회사에 입사해서 근속한 것만으로도 큰 부자가 된 사람이 많다.

그들 중 한 명의 이야기다. 2018년, 나는 새로운 친구도 사귀고 운동도 할 목적으로 소프트볼을 시작했다. 메이저리그 야구 선수가 되겠다는 꿈은 수십 년 전에 버렸지만, 매주 토요일 아침만큼은 다시 프로 선수인 척할 수 있었다. 내가 가장 좋아하는 포지션은 3루수였다. 강한 타구를 잡아 1루로 송구해 주자를 아웃시킬 때는 스릴이 넘쳤다.

소프트볼을 하면서 2019년 우버가 신규 상장을 하기 전에 그곳에서 3년 동안 일했던 사람을 만났다. 상장 초기에 우버의 주가 실적은 실망스러웠지만, 그는 스톡옵션 덕분에 세후 200만 달러를 손에 쥐고 회사를 떠났다. 30세 청년에게는 나쁘지 않은 금액이었다.

우버가 상장되고 몇 달 뒤, 친구는 피그마Figma라는 회사에 부사장으로 입사했다고 말했다. 나는 피그마라는 이름을 그때 처음 들었는데, 그건 다른 사람들도 마찬가지였다. 그곳은 디자이너를 위한 새로운 툴을 개발하는 회사였다. 그래, 좋다. 하지만 이미 세상에 나와 있는 디자인 도구가 너무 많은데 그게 그렇게 혁신적일까?

그로부터 4년 후, 나는 어도비가 피그마를 무려 200억 달러에 인수하려 한다는 뉴스를 보았다. 2022년 약세장의 한가운데서였다. 내 친구는 피그마의 가치가 5억 달러였을 때 입사했다. 이제 그가 가진 스톡옵션의 가치는 4000만 달러 이상으로 평가되었다. 34세 청년에게는 꽤 괜찮은 금액이었다. 안 그런가? 1년 후, 반독점 규제로 인해 인수 계획이 철회되었고 피그마의 가치는 반으로 뚝 떨어졌다. 하지만 불과 5년 만에 약 2000만 달러의 스톡옵션을 보유하게 된 것만으로도 정말 놀라운 일이었다.

그가 샌프란시스코에서 일하지 않았다면 2000만 달러짜리 기회는 오지 않았을 것이다. 그리고 내가 더 똑똑했더라면 2019년에 그 친구에게 새 회사에 내가 일할 만한 자리가 있는지 물어봤을 것이다. 뭐, 어쨌든 최소한 소프트볼은 재미있었다.

당신이 아무리 능력 있는 사람이라도 현재 살고 있는 도시에서 가장 큰 회사의 시가총액이 10억 달러가 되지 않는다면 결코 백만장자는 되지 못할 것이다. 하지만 소득이 높거나 빠르게 성

2부 행동하기

장하는 도시로 거주지를 옮기면 돈이 되는 인맥과 투자 기회가 열린다.

나는 피그마의 초기 멤버로 합류하는 선견지명은 없었지만 2019년 리플링Rippling이라는 인적자원 및 소프트웨어 회사에 투자하는 행운을 잡았다. 그 당시 이 기업의 가치는 고작 2억 7000만 달러 수준이었다. 이 기회는 함께 테니스를 치던 친구 덕분에 잡았다. 당시 그의 MBA 동기가 벤처캐피털 회사인 클라이너 퍼킨스Kleiner Perkins에 막 합류했는데, 그가 회사에서 새로운 펀드를 출범시키면서 내게 투자에 참여해달라고 초대장을 보냈던 것이다. 현재 리플링의 기업 가치는 100억 달러가 넘으며, 앞으로도 사업을 성공적으로 이어간다면 그 가치는 더욱 커질 것으로 전망한다.[3]

결론적으로 부자가 될 확률을 높이기 위해 적합한 장소에 사는 것은 그만한 가치가 있다.

백만장자의 비밀 노트

☐ 거주지 및 인근 지역에서 가장 크고 수익이 높은 회사를 찾아라. 만약 지역 내에 유망한 큰 기업이 없다면 이사를 고려해보자.

☐ 성인이 된 후 지금까지 몇 번이나 이사했는지, 왜 이사했는지 생각해보자. 각각의 이사는 당신의 지출, 생활방식, 사회적 범위, 경력에 어떤 영향을 미쳤는가?

☐ 앞으로 살면서 몇 번이나 더 이사할 것 같은지 예상해보자. 그다음으로 이사에 드는 비용을 추정하고 그 비용을 포함한 만큼 돈을 모으겠다는 목표를 세운다.

☐ 현재 살고 있는 도시나 아직 고소득 지역이 아닌 곳 중에서 이사하고 싶은 지역이 있다면 교육 수준과 노동 유형을 조사한다. 두 가지 요소 모두 해당 지역에 있는 고소득 일자리의 수에 영향을 미친다.

☐ 고소득 대도시로 이사하고 싶다면 먼저 그 지역을 자세히 조사해야 한다. 앞서 적었던 부자가 되고 싶은 이유를 다시 떠올려보고 선택한 지역이 그런 필요와 욕구에 부합하는지 생각해보자.

- 이사하기 전에 먼저 그 지역에서 일자리를 구하는 것을 목표로 삼는다. 소득이 높은 일자리는 채용 경쟁이 치열한 데다 일자리가 있으면 생활비가 비싼 곳에 더 쉽게 적응할 수 있기 때문이다.

- 소득이 높은 대도시 지역(적합한 장소)에서 취업을 하면, 다음 기회(적절한 타이밍)를 잡을 수 있도록 인맥을 만들어라.

- 경력을 탄탄히 쌓았거나 은퇴할 준비가 될 때까지 생활비가 저렴하고 소득이 낮은 지역으로 거주지를 옮기는 것을 보류한다.

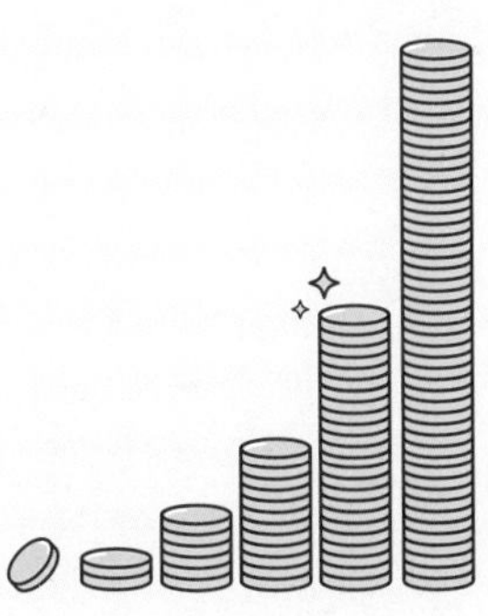

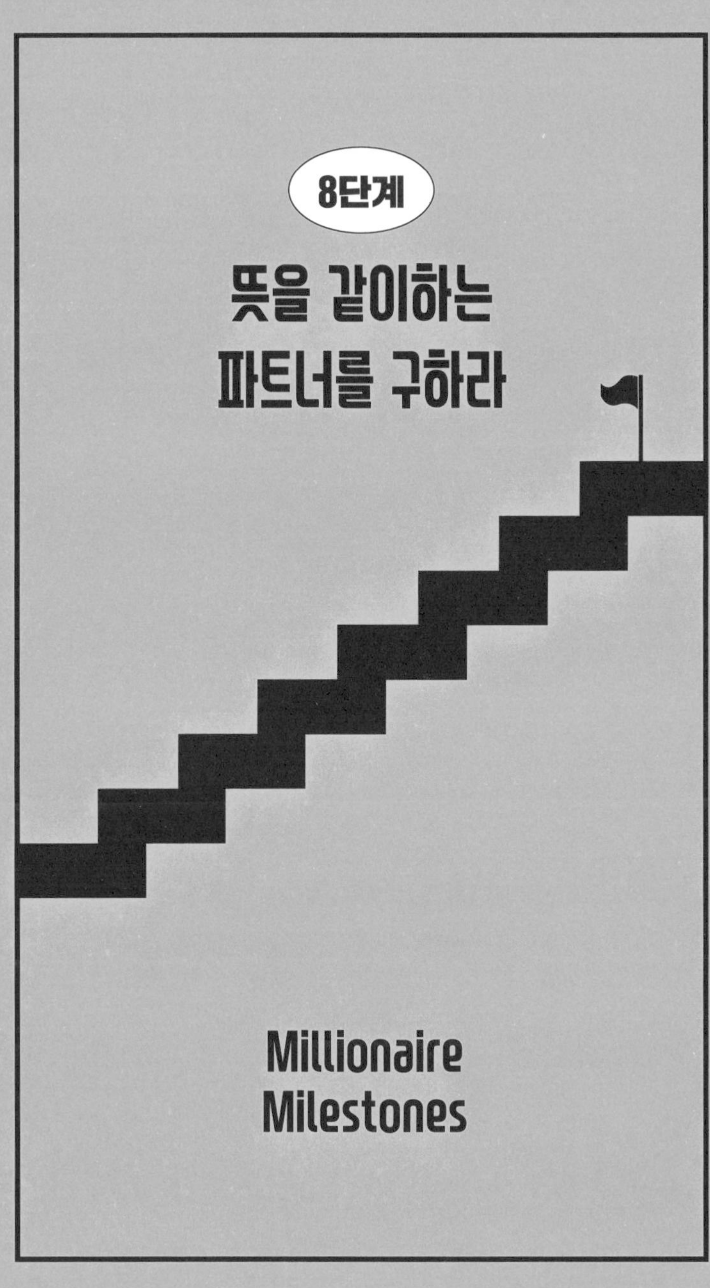
8단계

뜻을 같이하는
파트너를 구하라

Millionaire
Milestones

사회생활에 첫발을 내디딜 때는 초점이 보통 나 자신에게 맞춰져 있다. 하지만 시간이 흐르다 보면 집중해야 할 대상이 더 많아지고 복잡해진다. 결혼을 하고, 아이를 갖고, 부모님을 돌봐야 한다. 초점이 나 자신에게서 다른 사람들에게로 옮겨가는 것이다. 삶이 바빠질수록 지출이 늘면서 균형을 잡는 일은 더 어려워진다. 사랑하는 사람들을 지키기 위해 더 많은 돈을 벌고 싶은 욕구 역시 폭발적으로 증가한다.

백만장자가 되는 한 가지 방법으로는 부자와 결혼하는 것이 있다. 여기에 대해서는 나중에 다루겠다. 이 장에서는 다른 이야기, 즉 재무관리 측면에서 배우자 및 가족과의 관계를 돈독하게 하는 것에 집중한다. 부를 쌓을 때는 혼자보다는 두 사람이 함께 일하는 것이 더 효율적일 때가 많다.

가장 먼저 데이트에 대해 이야기해보자. 지난 30년 동안 데이트 문화는 급격히 변해왔다. 온라인 데이트가 보편화되었을 뿐 아니라 데이트 상대를 찾는 범위가 인근 몇몇 지역에서 나라 전체, 심지어 바다 건너까지 확장되었다.

프로필에 재산 상태를 공개하는 사람들도 종종 있지만, 대체로 데이트 앱에서는 성격, 관심사, 종교적·정치적·사회적 가치관과 같은 개인정보 그리고 이상형과 선호도만으로 잠재적인 데이트 상대가 걸러진다.[1] 물론 이런 요소들도 잘 맞는 데이트 상대를 찾을 때 중요하지만, 오랫동안 유지되는 관계를 맺으려면 경제적 궁합도 무시할 수 없다. 결국 커플들이 싸우는 세 가지 이유에는 늘 돈이 포함된다.[2]

첫 번째 우선순위는 가족이다

백만장자가 목표라면, 경제적으로 잘 맞는 배우자와 결혼하는 것이 현명하다. 맞벌이를 함으로써 생활비를 함께 부담하게 될 뿐 아니라 돈을 더욱 쉽게 모을 수도 있다. 두 사람이 함께 노를 저을 때 재정적 성공에 빠르게 이르게 된다.

다시 말하자면, 해로운 관계는 피하고 경제적으로 나쁜 습관을 가진 사람과의 결혼은 적어도 세 번 고민해보라는 뜻이다. 미래를 신중히 계획하며 저축하는 사람과 현재를 신나게 즐기며 소비하는 사람 사이의 관계는 오래가기가 힘들다. 반대로 경제적 가치관이 일치하면 두 사람 모두 경제적으로 훨씬 더 쉽게 독립하고 끈끈한 유대감도 쌓을 수 있다.

여전히 미혼이며 사랑을 찾고 있다면 커리어에 대한 투자만큼 인생의 동반자를 찾는 데도 많은 시간을 투자해야 한다. 현실적으로 고등학교를 졸업한 이후 잘 맞는 연인을 찾아 가정을 꾸릴 수 있는 기간은 최대 20년 정도다. 마흔이 넘어서도 배우자를 찾을 수는 있지만 데이트 상대의 범위가 대폭 줄어든다. 그때쯤 내 마음에 드는 사람들은 이미 짝이 있는 경우가 많다.

해가 되는 관계는 과감하게 끊어라

백만장자로 향하는 여정을 시작할 때는 가장 먼저 해로운 관계를 끊어내야 한다. 연인이든 가족이든 친구든 상관없이 과하게 의존적이거나 통제적인 관계는 당신의 돈을 착취하고 정신을 갉아먹는다. 때로는 관계가 복잡하게 얽혀 있어 끊어내기가 쉽지 않을 수 있다. 그간 공유한 시간과 애정, 가족이라는 특수한 관계 등을 무시하지 못한 채 연을 이어가고 있는지도 모른다. 하지만 아무리 숭고한 단어로 포장하려고 해도 해로운 관계를 유지하는 것은 결국 재앙을 초래한다. 어떤 관계든 잘못된 결정과 경제적 착취가 기반이라면 이제는 우아한 작별을 고해야 할 때다.

처음에는 삼키기 힘든 약처럼 고통스럽겠지만, 문제를 잘 해결하면 나도 모르게 새어 나가던 재산을 보호하고 행복을 되찾아 경제적 독립을 향해 나아가게 된다. 해로운 관계는 백만장자가 되었을 때 훨씬 더 심각한 문제를 일으킬 수 있다. 그들은 당신이 이룬 경제적 성공을 축하하기보다는 질투하며 넘어지기만을 호시탐탐 기다린다. 그러므로 경제적 안녕을 위해 가진 것을 최선을 다해 지켜라.

경제적 습관이 나쁜 사람과는 결혼하지 마라

사랑에 빠지면 마치 눈가리개를 쓰고 있는 것처럼 상대의 결점을 찾아내기가 어려워진다. 하지만 관계가 오래가기를 바란다면 새로운 연인의 소비 방식을 주의 깊게 살펴보자.

무모한 경제 습관이 있다면 심각하게 생각해야 한다. 물론 누구나 돈을 펑펑 써본 경험이 있을 것이다. 특히 연인에게 잘 보이려고 할 때는 더욱 그렇다. 하지만 만성적으로 과소비를 하고 도박에 빠진 채 경제적 책임감 없이 사는 것은 위험 신호다. 만약 연인이 신용카드 빚을 잔뜩 지고 있거나, 돈을 자주 빌려달라고 하거나, 매번 고지서 요금을 늦게 지불하거나, 꾸준히 직장에 다녀본 적이 없거나, 연봉이 꽤 높음에도 저축해놓은 돈이 없다면 머릿속에서 경고음이 울려야 한다.

결혼 생활에는 생각보다 정말 많은 노력이 필요하다. 연인이 돈을 다루는 방식에 이미 문제가 있거나 아예 돈을 관리하지 않는다면 이 문제로 이혼한 사람들의 경험담에 귀를 기울여보자. 결혼은 원래 있던 돈 문제를 악화시킬 뿐 아니라 새로운 문제도 야기한다.

같은 목적지를 향해서 걸어간다는 것

관계를 망치는 원인 세 가지 중 하나에는 늘 돈이 포함되어 있다. 따라서 결혼하기 전에 돈과 재무관리에 대해 연인과 진지하게 대화를 나눠보길 권한다. 나중에 들통나는 일이 없도록 최대한 솔직하게 말해야 한다.

각자의 경제적 목표를 나누고, 언제 집을 살 것인지, 아이는 가질 것인지, 갖는다면 몇 명이나 원하는지, 목표 은퇴 시기는 언제인지 등 몇 가지 커다란 문제에 대해 합의하자. 경제적 목표가 맞지 않으면 자주 싸우게 된다. 이런 상황에서 아이가 생긴다면 상황은 더욱 복잡해진다. 특히 자녀의 교육비를 마련하기 위해 당신이 세운 계획이 무산된다면 더욱 그럴 것이다.

연인이 공통의 경제적인 목표를 세우는 데 관심이 없거나, 저축과 투자를 하려고 해도 번번이 실패한다면 결혼 이후에도 이 문제가 자연스럽게 해결될 리 없다. 그것은 마치 아이가 생기면 부부 갈등이 알아서 해결될 것이라고 착각하는 것과 같다. 현실은 정반대다. 아이가 생기면 기존에 있던 문제는 더 심해지고 새로운 문제까지 더해진다. 마찬가지로 돈 문제도 관계가 깊어질수록 악화되고 더 복잡해진다.

연인 사이에는 부채 규모, 손실 경험, 미래의 경제적 포부 등 모든 것을 터놓아라. 그래야만 진정으로 만족스러운 삶을 함께 만들어나갈 수 있다.

부자보다는 나와 비슷한 사람이 낫다

가장 먼저 경제적 가치관이 다른 사람과의 결혼을 배제했다면 이제는 두 가지 방법이 남아 있다. 나와 경제적 수준이 비슷한 사람과 결혼하거나 부자와 결혼하는 것이다. 나는 전자가 후자보다 낫다고 생각한다.

두 사람이 어려운 상황에서 시작해 함께 자산을 형성하는 경험은 특별하다. 갑작스럽게 얻은 부, 특히 요행으로 얻은 부에는 온전히 감사하기가 어렵다. 반대로 작은 것에서부터 시작해 함께 어려움을 헤치고 힘을 모아 재산을 쌓아나가면 엄청난 성취감을 느낄 수 있다.

배우자를 고등학교나 대학교에서 만난다고 가정해보자. 두 사람은 함께 열심히 공부하고, 인턴십 과정을 거치고, 원하던 곳에 마침내 입사한다. 20대에는 복잡한 인간관계와 엄격한 상사, 사내 정치, 첫 번째 퇴사 등 여러 가지 힘든 일을 겪으면서 관계가 더 깊어질 수 있다. 운이 좋다면 두 사람 모두 사회에 성공적으로 정착해 자산을 차근차근 축적하게 될 것이다. 이 모든 과정을 파트너와 함께하면 돈을 더욱 소중히 여기게 되고, 서로에게 감사하는 마음도 더욱 깊어진다. 그리고 경제적 문제가 사라지면 즐거운 시간을 더 많이 보낼 수 있다.

사람들이 헤어지는 두 가지 주된 이유는 서로 이해하려고 하지 않고 그 결과로 싸우기 때문이다. 당신이 연인보다 경제적으로 더 성공했다고 가정해보자. 상대방이 자신의 일에 노력하지 않고 항상 빈둥거린다면 존중하는 마음이 점점 사라질 것이다. 만약 그 반대라면 당신은 연인이 너무 심하게 간섭한다며 화를 내기 시작할 것이다. 특히 상대방이 당신보다 나이가 훨씬 많을 때 이런 감정은 더욱 심해진다. 만나온 시간이 길면 서로를 당연하게 여기기 쉽다.

내 나이에는 관계를 시작하는 경우보다 관계가 깨지는 경우가 더 많다. 하지만 오래가는 관계에는 한 가지 공통점이 있다. 두 사람이 거의 비슷한 수준에서 성공했다는 점이다. 재산뿐이 아니다.

부자와 결혼할 때의 장단점

부자와의 결혼이 목표이거나 이미 그런 사람과 교제 중이거나, 혹은 그런 관계가 궁금한가? 파이낸셜 사무라이의 구독자들에게 받은 피드백과 관찰을 바탕으로 한 나의 생각은 이렇다.

부자와 결혼하는 것에는 크게 네 가지 장점이 있다. ① 경제적 성공을 향한 치열한 노력을 한 세대 건너뛸 수 있다. ② 성공할 확률을 높일 수 있다. ③ 호화로운 생활을 누릴 수 있다. ④ 자녀에게 많은 기회를 줄 수 있다. 고생하지 않고 부자가 되는 것을 마다할 사람이 어디 있겠는가? 수준 높은 삶을 누리면서 자녀에게 안락한 삶을 보장해주고 싶지 않은 사람이 어디 있겠는가? 많은 사람이 망설임 없이 부자와의 결혼을 선택할 것이다.

그러나 부자와의 결혼을 고려하기 전에 다음의 네 가지 단점도 생각해보자. ① 늘 맞지 않는 옷을 입은 듯한 느낌이 든다. ② 나를 보는 주변의 시선이 항상 따라다닌다. ③ 돈을 노리고 결혼했다는 꼬리표가 붙을 수 있다. ④ 자녀들이 높은 기대치에 압박감을 느끼며 무너지거나 버릇없고 특권 의식을 가진 사람으로 자랄 수 있다.

부자와 결혼하려면 행동이 달라져야 할 수도 있다. 아마도 배우자의 부모님이나 그 친구들은 당신에게 높은 기준을 들이댈 것이다. 그리고 이를 충족하지 못하면 자신들과는 어울리지 않는 사람이라고 단정할 수 있다. 부자들은 기부 요청에도 자주 시달린다. 심지어 내 가치관과 어긋나는 기부 요청도 받는다. 소비 습관도 늘 주목받고 비판이 따라 붙는다. 선택지가 너무 많다 보니 오히려 여러 가지 부정적인 감정이 생길 수 있다.

배우자에게 경제적으로 의지하다 보면 늘 감사하는 마음으로 자신의 본심은 숨겨야 하는 아랫사람 같은 기분이 들 수 있다. 또한 경제적 독립성을 잃고 외출할 때마다 허락을 받아야 한다면 스스로를 어린아이처럼 느낄 수도 있다. 이런 좌절감은 시간이 지남에 따라 분노로 이어진다.

자녀들은 치열한 경쟁에서 비롯된 무력감 때문에 외로움과 우울감에 빠질 수 있다. 그들은 성공한 부모에게서 온갖 기회를 지원받지만, 자기만의 성취를 이루지 못한 채 성공한 사람들에게 둘러싸여 우울감과 고립감을 느끼게 된다. 이를 바라보는 부모 또한 마음이 편치 못할 것이다.

부자와 결혼하면 이처럼 다양한 문제가 따른다. 하지만 당신이 잭팟을 터뜨려서 부유한 소울메이트를 만났고 그 사람이 좋은 사람이라면, 축하한다! 다만 돈이 두 사람 사이를 가로막지 않도록 조심하자.

결혼 후에도 경제적 독립을 유지해라

성인이라면 돈 때문에 다른 사람에게 의지하는 것에 불편한 감정을 느낀다. 대학교를 졸업하고 직업도 없이 부모님과 함께 산다고 생각해보자. 자유는 사라지고 자존감에는 멍이 든다. 친구들을 만나러 외출할 때마다 부모님께 교통비, 밥값, 술값을 달라고 손을 벌려야 한다.

이제 결혼과 동시에 회사를 그만두고 돈이 필요할 때마다 배우자에게 전적으로 의존한다고 가정해보자. 흔한 상황이지만 이것이 과연 이상적일까? 어린아이가 어른에게 의지하는 것과 성인이 다른 사람에게 경제적으로 의존하는 것은 전혀 다른 문제다.

요즘 젊은 층은 경력 관리에 관심이 많고 생활비 부담이 늘어난 까닭에 결혼을 미루고 아이를 낳는 시기도 그만큼 늦어졌다. 그 결과 과거 어느 때보다 많은 돈을 모아서 결혼 생활을 시작한다. 그토록 많은 사람이 경제적 독립을 추구하면서도 이상하게 각자 자유를 누릴 수 있는 분리된 개인 계좌를 마련하지 않는 경우가 많다. 부부는 자산 관리를 함께 그리고 또 따로 해야 한다. 이를 멀티플레이어식 재무관리라고 한다. 이 방식에서는 부부가 공동 계좌와 개인 계좌를 모두 운영한다.

부부가 공동 계좌뿐 아니라 개인 계좌를 각자 운영해야 하는 주된 이유 세 가지는 다음과 같다.

① 완충 장치

누구나 독립적인 인간으로 살면서 내 돈을 자유롭게 소비하길 원한다. 분리된 개인 계좌는 배우자와 특정 지출에 대해 서로 이견이 있을 때를 위한 완충 장치다. 돈 문제로 다툼이 생기면 최악의 경우 이혼까지 이어질 수 있다.

> ### 정신적·육체적 피로
>
> 파이낸셜 사무라이의 구독자인 리사는 개인 계좌를 만들고 싶다는 이야기를 남편에게 어떻게 꺼내야 할지 조언을 구해왔다. 그녀는 두 아이를 키우는 데 온전히 집중하기 위해 회계사 일과 개인 계좌를 포기했다.
>
> 하지만 육아로 인한 정신적·육체적 피로가 심해서 긴장과 스트레스를 풀기 위해 한 달에 한 번, 한 시간씩 150달러짜리 마사지를 받고 싶었다. 리사의 남편은 "자신이 공짜로 마사지를 해줄 수 있으니 그건 돈 낭비"라고 말했다.
>
> 시간이 흐르면서 이런 사소한 일들로 분노가 쌓여갔다. 리사의 남편은 온종일 두 아이를 돌보는 일이 얼마나 힘들고 지치는지 전혀 이해하지 못했다. 반면 남편 역시 리사의 '불필요한' 지출 때문에 분노가 쌓이고 있었다. 그는 외벌이로 네 식구를 혼자 책임

지는 데서 오는 스트레스와 압박감을 리사가 알아주지 않는다고 생각했다.

이렇게 작은 분노가 쌓이는 일은 수입원이 하나이고 가계 경제를 합친 부부들에게서 아주 흔하게 나타난다. 리사는 부부 갈등을 완화하기 위해 결국 별도의 개인 계좌를 개설하기로 했다. 이렇게 해서 그녀는 현재 몇 개의 예금 투자로 얻는 이자 소득을 마음 편히 사용할 수 있게 되었다. 이 작고 단순한 변화로 그들의 일상에 더 큰 여유가 생겼다.

② 지속적인 재정 트레이너

퍼스널 트레이너가 계속해서 운동할 수 있는 동기를 부여하듯 배우자도 당신에게 경제적인 트레이너가 될 수 있다. 분리된 개인 계좌는 각자의 재무 상태를 살펴볼 수 있는 기준이다. 누가 먼저 25만 달러의 전환점이나 그 밖의 다른 목표 금액에 도달하는지 경쟁해보자. 시작 금액에 차이가 크다면 절대 금액이 아니라 증가율로 승부를 겨뤄보는 것도 좋다.

중요한 목적은 부부가 서로 독려하며 경제적으로 더 탄탄한 삶을 구축하는 동시에 최상의 성과를 달성하는 것이다. 계좌를 완전히 합쳐버리면 각자의 가계 기여도를 정확하게 파악하기가 훨씬 어려워진다. 이렇게 재정 상태가 불투명해지면 한쪽이 쉽게 나태해지거나 불만이 쌓일 수 있다.

③ 보험

인생에는 늘 불행한 사건이 발생한다. 따라서 더 철저한 대비와 분산이 필요하다. 신원 도용, 계좌 해킹, 폰지 사기, 은행 파산, 이혼, 유언 집행 과정의 문제, 생명보험금 지급 지연과 같은 일들은 항상 갑자기 닥친다.

이때 공동 계좌와 다른 금융기관에 별도의 개인 계좌를 보유하면 필요할 때 손쉽게 현금을 인출할 수 있으며 안전성도 높아진다. 예금은 연방예금보험공사의 예금자 보험이 적용되는 은행마다 예금주 1인당 유형별로 최대 25만 달러까지 보장된다. 2008년 세계금융위기 당시 자산가 부부들은 은행 계좌를 분산해놓음으로써 안도감을 느꼈다. 자산이 증가할수록 계좌를 분산해두는 것이 유리하다.•

전업 부모에게도 경제적 독립을 선물하자

현재 맞벌이라고 하더라고 미래의 어느 시점에는 외벌이 가정이 될 수 있다. 전업주부는 직업이 없는데 어떻게 돈을 벌 수 있

• 우리나라는 2025년 9월부터 예금자 보호 한도가 은행별 1억 원까지로 상향 조정되었다. 단 이것은 예금자 보호 상품에만 해당되므로 계좌별 확인이 필요하다.

을까? 아주 쉽다. 주부의 역할에 가치를 매기면 된다.

전업 부모가 되는 것은 적어도 거주하는 도시의 중위 소득만큼 가치가 있다. 이 말에 동의하지 않는다면 전업 부모가 자녀를 돌보는 시간을 계산한 다음 그 값에 어린이집 선생님이나 육아 도우미의 평균 시급을 곱해보자. 이 금액이 전업 부모가 기여하는 가치이며 그들이 벌고 저축하고 소비할 자격이 있는 돈이다. 전업 부모라면 자신의 노력을 과소평가하지 마라. 경제적으로 당신은 생각보다 훨씬 더 많이 기여하고 있다.

현금 흐름의 관점에서, 부부 중 한 사람이 일을 그만두는 것은 현실적으로 어려울 수 있다. 그러나 가능하다면 주 양육자가 아무런 죄책감 없이 매달 투자도 하고 마음대로 사용할 수 있도록 어느 정도의 돈을 따로 마련해주길 권한다. 어쨌든 그들은 당신의 가장 소중한 자산을 돌보는 사람이다.

그 밖에 배우자의 경제적 독립을 위한 방법들

1. 혼전 계약서를 작성하라. 낭만적인 주제는 아니지만, 혼전 계약서는 부부가 이혼할 경우 재정적으로 불리한 배우자를 보호한다. 내용은 상황에 따라 유연하게 작성하면 된다. 결혼 생활이 길어질수록 직업이 없는 배우자는 경력이 오랫동안 단절되고 인맥이 줄어들면서 재정적으로 더 불리해진다. 결

혼 전 순자산 차이가 클수록 혼전 계약서가 중요해진다.

예를 들어, 내가 아는 한 부부는 남편이 5000만 달러가 넘는 순자산을 가진 사업가였는데, 남편의 귀책사유 없이 5년 안에 합의 이혼할 경우에도 아내에게 200만 달러를 지급하기로 계약서를 작성했다. 그의 아내는 순자산이 20만 달러에 불과했으므로 이 정도는 공정한 편이었다.

결혼은 인생에서 가장 큰 거래이며 혼전 계약서는 부부 모두를 보호하는 데 필수다. 혼전 계약서와 비슷하지만 결혼 후에 서명하는 혼후 계약서도 고려해볼 만하다. 이를 통해 두 사람이 이혼할 시 자산과 부채를 어떻게 분리할지 파악할 수 있기 때문이다.

2. 배우자의 은퇴 계좌에 추가로 돈을 적립해라. 한쪽 배우자의 은퇴 자금이 부족하다면 다른 배우자가 도와서 균형을 맞춰준다. 상대방의 401k에 직접 적립할 수는 없지만 세후 투자 계좌를 늘리는 데는 도움을 줄 수 있다.

3. 배우자의 부채를 갚아줘라. 결혼하면서 배우자의 신용카드 빚이나 학자금 대출을 상환해주는 것은 매우 다정한 일이다. 소득은 여전히 불균등하더라도 부채가 사라진다는 사실만으로 배우자는 안정감을 느끼기 때문이다.

4. 자녀의 경제적 필요를 보장해줘라. 결혼 생활이 깨지더라도 양육은 제대로 책임져야 한다. 이를 위해 유언장을 미리 작성

하고, 주정부가 지원하는 교육비 저축 계좌인 529 플랜을 운용해라. 미성년자용 로스 IRA를 개설하고, 신탁자 변경 가능 옵션으로 신탁을 설정하며, 자녀를 수익자로 지정해 생명보험에 가입하고, 사망 시 상속에 필요한 문서들을 정리한다.[3] 자녀의 경제적 필요에 대한 걱정이 사라지면 배우자 역시 재정적으로 더 자유로워진다.

5. SLAT를 만들어라. SLATSpousal Lifetime Access Trust는 한 배우자가 다른 배우자(혹은 다른 가족 구성원)에게 증여금을 예치하는 동시에 그 자산을 부부 합산 재산에서 제외하는 취소 불가능한 신탁이다. 예치된 자산의 가치가 상승하더라도 여기에는 상속세가 부과되지 않는다.

부부로서 함께 재정적 목표를 향해 가는 동안 둘 모두의 경제적 자유를 보장해줘야 한다는 사실을 명심하자. 누군가가 재정적으로 독립할 수 있게 도와주는 것은 사랑의 선물이다.

캠퍼스 커플

윌리엄앤드메리대학교에서 아내를 처음 만난 이후로 나는 아내에게 온 세상을 안겨주고 싶었다. 만남이 시작되고 얼마 지나지

않았을 때부터 인생의 동반자가 될 것이라고 확신했다. 가난했던 대학생 시절부터 한결같이 내 곁을 지켜준 아내에게 항상 감사하고 있다.

뉴욕에서 일자리를 구하던 대학교 4학년 때, 아침 7시에 면접이 잡히면 혹시나 내가 늦게 일어날까 봐 아내는 새벽 5시 30분부터 깨어 있었다. 취직 후 처음 3년 동안 아내의 마지막 학자금 대출을 다 갚고 샌프란시스코에 집을 마련하면서 삶의 질이 크게 높아졌다.

이 모든 과정에서 우리 사이는 유난히 각별했다. 재정적인 문제가 우리의 관계를 방해한 적도 없었다. 가장 낭만적인 데이트는 학교 구내식당에 마주 보고 앉아 맛없는 식사와 밀크셰이크를 즐기는 것이었다.

나는 아내의 경제적 독립에 자부심을 느낀다. 아내는 한 번도 내게 직접적인 재정 지원을 받지 않았다. 금융계에서 13년 동안 성실하게 경력을 쌓았고, 2014년에 퇴직금을 협상하고 회사에서 벗어났다. 그 이후로 우리는 따로 또 같이 계속해서 부를 쌓았다. 아내가 탄탄한 재정을 보유하고 있다는 사실은 나에게도 큰 위안이다. 만에 하나 내가 세상을 떠나더라도 아내 혼자 잘 살 수 있을 것이므로 안심이 된다.

성공의 키워드는 건강, 행복, 화합

안타깝지만 잘 맞는 배우자를 찾는 마법 같은 방법은 없다. 데이트 앱들은 저마다 최고의 매칭 알고리즘을 가지고 있다고 광고하지만, 결국 두 사람의 관계에는 수치화할 수 없는 수많은 주관적 요인이 영향을 미친다. 이것이 〈연애 실험: 블라인드 러브〉 같은 연애 리얼리티 쇼가 인기를 끄는 이유다. 인간의 예측 불가능한 상호작용은 지켜보는 것만으로도 재미있기 때문이다.

다만 행복한 결혼 생활의 핵심에 진정한 우정이 있다는 것만큼은 확실하다. 다음으로는 좋을 때나 힘들 때나 서로를 믿어주고 공통된 가치관을 지향하는 것이다.

결혼, 혹은 동거하고 싶은 사람을 찾았다면 스스로를 행운아라고 생각하자. 잘 맞는 인연을 소중히 여기고 신혼 기간이 끝난 후에도 계속해서 노력해야 한다. 행복한 결혼 생활과 미래의 경제적 성공은 여기에 달려 있다.

결혼 생활에서는 내가 3H라고 부르는 건강Health, 행복Happiness, 화합Harmony을 우선으로 두어야 한다. 그중에서도 제1순위는 건강이다. 여기에는 신체적·정신적·감정적 건강이 모두 포함된다. 배우자가 아프거나 번아웃에 빠졌거나 불안해할 때, 나머지 한 사람이 나서서 잘 대처해야 한다. 건강이 나빠지면 다른 어떤 것도 중요하지 않다. 두 사람 모두 지쳐서 나가떨어지지 않도록 되도록 빠르게 일상을 회복해야 한다.

부부 간에 대화가 원활하기만 해도 행복은 쉽게 찾아온다. 서로를 의지하면서 공동의 경제적 목표를 세우고 각자 노력한 부분을 인정해주자. 그러면 화합할 수 있다. 결혼 생활에서 건강, 행복, 화합을 모두 얻는 것이야말로 완벽한 승리다.

결혼 생활에 불화가 생겼다면 곪지 않게 풀어야 한다. 불편하더라도 대화를 나누고 고통스러운 문제를 정면으로 돌파해야 한다. 서로 대화가 잘 통하지 않고 자연스럽게 해결책을 찾기 어렵다면 상담을 받는 것도 추천한다. 상담 비용은 비싸지만, 상황을 객관적으로 판단해 조언해주는 사람에게는 그 정도의 비용을 쓸 만한 가치가 있다. 게다가 이혼보다는 상담이 훨씬 저렴하다. 상담 후 문제가 해결되지 않더라도 최선을 다했으므로 후회하지 않게 된다. 그러고 나면 서로를 위해 합의하에 헤어지는 방법도 고려할 수 있다.

소득이 많을수록 결혼 생활이 행복할까?

미국에서 이혼은 매우 흔한 일이다.[4] 하지만 매년 이혼하는 사람보다 결혼하는 사람이 130만 명가량 더 많다. 어느 누구도 결혼 생활을 이혼으로 끝내고 싶어 하진 않지만 초혼 부부의 약

40%가 이혼하며, 평균적인 혼인 기간은 고작 8년에 불과하다.

흥미롭게도 가구 소득과 이혼 확률 사이에는 상관관계가 있다. 연 소득이 20만 달러 미만인 부부의 이혼 확률은 약 40%다. 하지만 연 소득이 20만 달러를 넘어서면 이혼 확률은 30%로 떨어지고, 60만 달러로 올라가면 25%로 더 떨어진다. 다만 가계 소득이 이 이상으로 넘어가면 이혼 확률은 다시 30%로 올라간다.

이것은 아마도 가계 소득이 100만 달러에 가까워질수록 업무 스트레스가 높아지고 서로에게 쏟을 시간이 줄어드는 등 새로운 문제가 생기기 때문인 것 같다. 결국 이혼을 선택하게 되는 가장 큰 원인은 관계에 소홀해지기 때문이다. 따라서 백만장자에 가까워질수록 서로에게 감사하고, 자주 소통하며, 의지하는 것이 더욱 중요해진다. 그리고 열심히 모으고 있는 그 돈을 둘이 함께 누려야 한다는 사실도 잊지 말자.

견고한 결혼 생활을 유지하는 여덟 가지 방법

서로 믿고 의지하는 결혼 생활을 유지하는 데 도움이 될 만한 여덟 가지 방법을 소개한다.

1. 파트너를 존중한다. 행복한 커플은 서로의 말을 경청하며 상

대방의 생각까지 진심으로 이해한다. 또한 서로에게 다정하며 상대방의 노력을 인정해준다.

2. 가족 밖에서 나를 지지해줄 사람들을 만든다. 절친한 친구와 동료들은 파트너의 심리적 부담을 덜어준다.

3. 일과 가정을 분리한다. 다들 직장에서 힘든 하루를 보내지만 모두가 그 스트레스를 사랑하는 사람에게 풀지는 않는다.

4. 용서하고 용서를 구한다. 잘 사는 부부는 존중하는 마음으로 갈등을 평화롭게 해결한다. 이를 위해서는 잘못을 인정하고, 감정을 솔직하게 이야기하면서 합의점을 찾아야 한다.

5. 개인 재정과 공동 재정을 함께 운영한다. 이와 같은 방식으로 부부는 각자 자유롭게 돈을 쓸 수 있다.

6. 나 자신을 안다. 나를 짜증 나게 하는 상황과 힘을 북돋아주는 요소를 알면 배우자와 원만하게 소통할 수 있다. 이로써 관계가 더 돈독해지고 스스로도 잘 돌볼 수 있게 된다.

7. 어려운 상황을 대비한다. 완벽한 관계는 없다. 어려운 시기가 올 것을 예상하면 철저하게 대비할 수 있다. 한 팀으로서 문제를 해결하고 결혼 생활에 대해 배우면서 관계를 개선하자.

8. 서로의 신호에 적극적으로 반응한다. 여기에서 신호란 상대방에게 마음을 쓰면서 함께 있는 시간을 즐겁게 만들려는 크고 작은 시도들이다.

물론 이혼을 하더라도 밝은 미래를 꿈꿀 수 있다. 이혼을 발판 삼아 더 강해지고 행복해질 수 있다는 말이다. 사람들은 새로운 삶을 시작할 때 더 큰 힘을 얻기도 한다. 하지만 경제적으로는 분명 큰 타격을 받는 일이다. 경제적으로나 감정적으로 파괴적인 경험이며 상황이 최악으로 치달을 경우 몇 년 동안 꿈을 포기해야 할 수도 있다.

파이낸셜 사무라이의 오랜 구독자 한 명이 전처의 복수심 때문에 순자산 110만 달러를 날린 끔찍한 경험을 이야기해준 적이 있다. 그는 13개월간 고통스러운 시간을 통과하면서 경제적으로 큰 타격을 입었을 뿐 아니라 본인의 변호사 비용 30만 달러에다 추가로 전처의 변호사 비용 10만 달러까지 지불해야 했다.

다행히 그는 서서히 회복해갔다. 검소하게 생활하면서 지독하게 저축한 끝에 절망의 구렁텅이에서 간신히 벗어났다. 그는 이혼한 지 4년 만에 빚을 다 갚았고 다시 새로운 경제적 기반을 세우고 있다. 그의 이야기는 인내심을 갖고 역경을 극복하는 힘을 잘 보여준다. 이렇듯 모든 이야기에는 항상 양면이 있다.

자녀에게 투자하라

자녀가 생기면 인생이 더 행복해지지만 아이가 어릴 때는 삶이

다소 복잡하고 피곤하다. 아이를 낳기 전에는 아내와 싸운 적이 거의 없었다. 2017년 아들이 태어나자 초보 부모로서 늘 스트레스와 불안에 시달리며 다툼이 잦아졌다. 그러므로 아이를 갖기 전에 재정 상태를 미리 점검해야 한다. 자신을 먼저 돌보지 않으면 자녀의 미래에 투자하는 일도 힘들어진다.

어떻게 하면 자녀와 최대한 좋은 관계를 맺을 수 있을까? 아이들과 함께 즐거운 시간을 많이 보내면 된다. 자녀의 관심사에는 응원을 보내고, 어떤 상황이 생겼을 때는 다짜고짜 통보하지 말고 무슨 일인지 자세하게 설명하자. 가장 중요한 순간에는 자녀 편에 서라. 아이들을 세심하게 챙기다 보면 아이는 부모가 얼마나 많은 돈을 가지고 있는지에는 관심이 없어진다. 아이들에게는 부모가 곁에 있어주는 게 가장 중요하다.

금융 문해력financial literacy은 삶에서 기술만큼이나 중요한 지식이지만 여전히 학교의 필수 교과과정이 아니다. 자녀를 독립시키기 전에 기본적인 금융 지식은 반드시 가르쳐야 한다. 세상에서 가장 훌륭한 학위를 받는다고 해도 돈 관리를 제대로 하지 못하면 인생이 고달파진다.

아이들과 함께 사는 18년은 내가 아는 모든 지식을 전수해줄 절호의 기회다. 여기에는 자녀가 독립한 이후 스스로 재무관리를 할 수 있도록 금융 지식을 가르치는 것도 포함된다. 이러한 기본 경제 지식 덕분에 아이는 자신만의 자산을 쌓아가게 되고, 부메

랑처럼 부모 집 지하실로 되돌아오지 않게 된다. 서둘러라. 시간이 흘러가고 있다.

자녀의 교육 계획 역시 가볍게 여길 일이 아니다. 요즘 4년제 공립대학의 평균 학비는 약 4만 3000달러다.[5] 사립대학 학비는 무려 16만 9000달러다.[*] 2042년이 되면 이 비용은 각각 25만 달러와 50만 달러를 훌쩍 넘어설 것이다.[6] 그리고 그때쯤이면 일부 일류 사립대학의 학비는 4년 동안 100만 달러 이상이 될 수도 있다.

물론 미래에는 대학 졸업장이 그렇게 중요하지 않을 수도 있다. 또 모든 직업이 4년제 대학의 학위를 필요로 하는 것도 아니다. 그러나 교육 수준과 평생에 걸친 소득 수준은 매우 강한 상관관계가 있다.[7] 대학을 졸업하면 돈을 많이 벌 확률이 높아지며 행복하게 오래 살 가능성도 커진다는 뜻이다.

미래에 들어갈 비용을 일찍이 추정하고 자녀가 태어난 순간부터 꾸준히 저축하면 자녀가 수준 높은 교육을 받는 데 큰 도움이 될 것이다. 1달러를 추가로 저축할 때마다 향후 자녀의 학자금 대출은 더 줄어들고, 졸업 후 빠르게 경제적 성공을 거둘 기반도 마련된다. 자녀의 교육비를 저축하는 방법에 관한 팁은 '더 읽어보기'에서 확인할 수 있다.

부모님은 어떻게 부양할 것인가?

요즘 중년층은 책임이 막중하다. 아이들은 아직 어린데 부모님은 건강 문제로 챙겨드릴 일이 점점 더 늘어난다. 이렇게 샌드위치 세대가 되어 무거운 책임을 져야 하면 아무리 가정이 화목하더라도 스트레스를 받을 수밖에 없다.

운이 좋으면 부모님이 신체적·정신적·경제적으로 아무런 문제도 없을 것이다. 하지만 부모님 중 한 분이나 두 분 모두, 여기에 배우자의 부모님까지 어떤 부분에서든 도움이 필요할 때가 올 수 있다. 이런 상황에서 자녀까지 양육하면서 아무런 준비가 되어 있지 않다면 자신의 건강도 위태로워질 것이다. 이런 위험을 피하려면 다음의 세 가지를 주의하라.

1. **은퇴 자금 부족**. 말 많던 '황금 낙하산golden parachute', 즉 고액의 퇴직금은 옛말이 되었고, 회사 연금은 거의 사라졌으며, 사회보장제도는 재정이 부족하고, 대부분의 은퇴자들은 401k 납입액이 충분하지 않다. 그 결과 자녀가 부모님의 생활비를 지원해야 하는 상황이 생길 수도 있다. 부모님에게 현재의 경제적 상황을 직접 여쭤보자. 좋은 와인 한 병을 마시면서 허심탄회하게 대화를 나눠보면 더 쉬울 것이다.

2. **부모님의 장기적인 돌봄 비용 부담 가능성**. 장기적인 부양 계획

에 대해 이야기하는 것은 그다지 즐거운 일이 아니지만 65세 이상 인구의 약 70%는 어느 시점부터 돌봄이 필요하다.[8] 게다가 이 비용은 말도 안 되게 비싸다. 노인 주간 보호센터를 이용할 경우 월 2,050달러 정도이며, 요양원의 개인실을 이용할 경우에는 월 9,700달러까지 비용이 올라간다. 더욱이 이는 매년 물가상승률보다 더 빠른 속도로 올라갈 것으로 예상된다.[9] 부모님을 요양시설에 보내는 일은 감정적으로 힘든 일이다. 이 과정에서 많은 사람이 부모님에게 경제적 능력이 없을 때 내가 입원비를 책임져야 한다는 사실을 간과한다. 이것은 경제적 타격이 큰 일이므로 장기 요양보험을 살펴보고, 위임장 작성 등 자산을 보호할 수 있는 방법에 대해 변호사와 미리 상담하는 것이 좋다.

3. 경력 지연과 승진 기회의 상실. 노인 돌봄에는 시간과 노력이 많이 들어간다. 부모님을 돕기 위해 오랜 시간 일을 쉬게 되면 커리어에 문제가 생길 수도 있다. 위급한 상황이 생기기 전에 부모님을 돌보기 위한 대비책을 미리 마련해놓아야 한다. 그것이 무엇이든 아예 없는 것보다는 낫다.

우리나라는 노인 주간 보호센터 이용료가 매우 저렴하다. 이용하는 시간과 횟수, 거동 수준(등급) 등에 따라 천차만별이지만, 식비를 포함해 보통 월 20~30만 원 정도만 지불하면 된다. 하지만 그 네다섯 배를 국가가 부담하기 때문에 재정 부담이 큰 편이다. 연장선에서 우리나라는 65세 이상 노인 인구의 진료비(본인 부담+건강보험공단 부담)가 기하급수적으로 늘고 있다. 보건복지부에 따르면, 2024년 기준 52조 1221억 원에 달하는데, 1인당 536만 8000원을 쓴 꼴이다. 이는 전체 진료비의 44.8%를 차지하며, 2020년과 비교해 39.1%나 증가한 수치다.

부모님은 우리 삶의 처음 18년을 돌봐주셨다. 그러니 자녀로서
우리는 최소한 부모님의 마지막 18년을 보살펴드려야 한다.

백만장자의 비밀 노트

생각해볼 것

- 연인을 찾고 있다면 당신이 정말로 원하는 이상형을 데이트 앱의 매칭 기준과 비교해봐라. 경제적 궁합의 중요성도 과소평가하지 마라.

- 경제적 가치관, 목표, 습관을 공유하면 커플로서 유대감을 쌓기 쉽고 장기적으로 재정적 성공에도 더 빠르게 도달할 수 있다.

- 경제적 상황이 비슷한 사람과 결혼해서 함께 자산을 형성할 때의 이점을 생각해본다. 부자와의 결혼이 솔깃하게 들릴 수도 있지만 고려해야 할 부정적인 면도 많다.

해야 할 것

- 평생의 파트너가 될 사람을 만날 때는 눈가리개를 벗어야 한다. 상대가 어떻게 돈을 벌고, 쓰고, 모으는지 주의 깊게 관찰하자. 만약 무절제한 소비 습관을 가지고 있다면 자신을 위해 원만하게 헤어져라.

- 재정적·정신적 안녕을 위해 유해한 관계를 정리하라.

- 잘 맞는 사람을 찾았다면 결혼을 약속하기 전에 상대방의 구체적인 재정 상태에 대해 세 번 이상 깊은 대화를 나눈다.

- 파트너와 함께 세 개 안팎의 구체적인 경제적 목표를 정하고, 결혼하기 전 그중 한두 개를 달성한다. 누가 25만 달러라는 목표에 더 빨리 도달하는지 경쟁하거나 사업 아이디어를 교환하는 것도 좋다.

- 결혼 후 별도의 개인 계좌와 공동 계좌를 모두 운용한다. 마음의 평화를 위해 따로 또 같이 부를 쌓아라.

- 파트너와 순자산 규모가 크게 차이 난다면 혼전 계약서를 작성해라.

- 결혼 생활에서는 건강, 행복, 화합을 우선순위에 두어야 한다. 부부 사이에 불화가 생겼다면 일주일에 한 번은 함께 앉아 진지하게 이야기를 나눠라. 문제가 풀리지 않거나 악화될 때는 상담사에게 도움을 구한다.

- 중요한 순간에 자녀와 함께하고 교육에 적극적으로 참여하며 아이들에게 투자한다. 자녀가 18세가 되기 전에 금융 문해력의 기초를 가르쳐라.

- 자녀 교육을 목적으로 일찍부터 자주 저축한다. 교육 수준이 높으면 생활방식과 재정적 측면에서 많은 이점이 있다.

- 부모님의 생애 후반기를 돌볼 준비를 해야 한다. 이는 우리의 책임이다.

3부
살아가기

백만장자가 된 후에 해야 할 일들

"지혜롭게 벌어 현명하게 써라"

백만장자는 돈을 쓰는 법도 다르다.
작고 귀여운 월급만으로 생활하던 과거에 비해
지출 규모가 커지는 데다가
자산을 쌓고 굴리고 쓰는 모든 과정에서
세금 문제를 신경 써야 하기 때문이다.
연장선에서 상속 전략도 미리 계획해야 한다.
따라서 백만장자가 되었다고 해서 끝이 아니다.
현명하게 돈을 쓰는 사람만이
자신의 부를 지킬 수 있다!

현명하게
소비하라

**Millionaire
Milestones**

축하한다! 드디어 당신은 백만장자가 되었다. 이제 진짜 중요한 질문이 남았다. 지금까지 모은 재산을 어떻게 해야 할까? 미니멀리스트도 아니고, 재산 전부를 누군가에게 물려주고 싶은 것도 아니라면 이제는 인생을 마음껏 누려야 할 때다. 결국 최고의 목표는 멋진 삶을 사는 것이지, 사후 가족 간에 유산 싸움을 일으킬 어마어마한 은행 잔고가 아니기 때문이다.

백만장자의 꿈을 좇으며 수년간 매주 60시간씩 끝도 없이 일하면서 가족, 휴식, 경험을 모두 포기했다고 상상해보자. 대체 무엇 때문에 그렇게 했는가? 언젠가 자녀들이 정작 당신은 편하게 쓰지도 못한 재산을 두고 다투게 만들기 위해서? 정말 형편없는 거래이자 시간과 에너지 낭비다. 그런 이유라면 투자 실패나 직장에서의 고과 평가가 나쁘다고 그렇게까지 스트레스받을 필요도 없었다.

지혜롭게 번 만큼 현명하게 소비하라

몸에 밴 검소함을 바꾸기란 쉽지 않다. 특히 매순간의 선택이 비용과 편익을 따지는 정신적 레슬링처럼 느껴지는 사람에게는 더욱더 그렇다. 오랫동안 지켜온 경제 습관과 저축에 집중된 사고방식은 생각보다 바꾸기가 어렵다.

혹시 당신은 매번 지출할 때마다 주머니에서 빠져나가는 돈을 일일이 세어보는가? 배우자나 아이들을 위한 작은 선물을 사거나, 새로운 운동 프로그램에 등록할 때조차 말이다. 그렇다면 조심할 필요가 있다. 그냥 놔두면 계속해서 부를 쌓고 싶은 욕망이 당신을 완전히 집어삼킬 것이다. 물론 과소비에 휩쓸리거나 위험한 투자에 솔깃해 하룻밤 사이에 전 재산을 잃은 사람들의 이야기는 수없이 많다. 하지만 부를 축적하는 주된 목적은 나 자신과 내가 가장 가치 있게 여기는 곳에 돈을 쓰기 위해서다. 따라서 현명한 지출은 오늘 하루만을 위해서가 아니라 생애 마지막 날까지 중요하다.

지금부터는 마지막 이정표에 가까워지면서 여생 동안 쓸 수 있는 자산의 규모와 소비 지침, 책임감 있고 재미있게 부를 소비하는 방법을 알려주고자 한다. 가능성은 무궁무진하다.

평생 쓸 수 있는 돈 계산하기

좋든 싫든 언젠간 죽음이 우리를 데려간다. 그 섬뜩한 시한 때문에 백만장자들은 이제 중요한 계산을 해야 한다. 이 점을 기억하면서 소비를 평탄화하는 기술을 익혀보자.

 구체적으로는 인생을 마무리할 때 잔고를 0으로 만들 수 있는 연간 최대 소비 금액을 계산해야 한다.

계산은 간단하다. 순유동자산을 구하고 그 값을 기대수명에서 현재 나이를 뺀 값으로 나누면 된다. 예를 들어, 순자산이 145만 달러이고 기대수명이 79세인 50세 여성의 경우, 연간 약 5만 달러(145만 달러/(79-50)=5만 달러)씩 인출하면 계좌 잔고를 0으로 만든 상태로 천국의 문 앞에 설 수 있다.

물론 연간 인출 금액을 계산할 때는 계속해서 들어오는 근로소득과 투자 수익을 비롯한 불로소득 그리고 한 번에 크게 나가는 일회성 지출도 고려해야 한다. 하지만 이 간단한 계산의 목적은 매년 최소한 얼마를 써야 하는지에 대한 기준선을 마련하는 것이다.

위의 여성이 매년 세후 소득 10만 달러에다 추가로 세후 투자 수익 1만 달러를 번다고 가정해보자. 이 여성은 순자산 5만 달러

외에 추가 소득까지 합쳐 매년 16만 달러를 소비해야 한다.

문제는 그녀가 연간 8만 달러만 소비하는 데 익숙하다는 것이다. 지출을 두 배로 늘리는 것은 아끼고 모으는 습관이 몸에 밴 사람에게는 매우 불편한 일이다. 따라서 빈손으로 죽겠다는 백만장자의 계획은 적게 쓰던 관성 때문에 차질을 빚는다. 부의 눈덩이는 소비하는 속도보다 대체로 더 빠르게 굴러가며 커진다. 그러나 젊어서부터 소비 평탄화를 실천한다면 소비를 그렇게 급격하게 늘리지 않아도 된다.

4% 법칙 vs 동적 안전 인출률

은퇴 후 소비 금액을 계산하는 또 다른 쉬운 방법은 4% 법칙을 따르는 것이다. 이 법칙은 매년 보유한 순유동자산의 4%만 소비하면 죽기 전에 돈이 절대 바닥나지 않는다는 이론으로, 1990년대에 빌 벤젠Bill Bengen이 만들었다.[1] 당시 무위험 수익률(10년 만기 국채 금리)은 연 6%에 가까웠다. 이처럼 보수적인 포트폴리오를 가지고 있을 경우 매년 자산의 4%씩 인출해서 소비한다고 해도 돈은 바닥나지 않는다. 나의 팟캐스트에서도 이 내용으로 벤젠과 함께 인터뷰를 진행한 적이 있다.[2]

수십 년 전에 나온 이 법칙을 무조건 따르는 대신 동적 안전 인출률Dynamic Safe Withdrawal Rate, DSWR이라는 방법을 사용할 수도 있다. 이것은 다른 말로 파이낸셜 사무라이 인출률Financial Samurai Withdrawal Rate, FSWR이라고도 한다. 동적 안전 인출률은 지출 금액을 채권 수익률에 연동해 산출하며 공식은 아래와 같다.

DSWR = 80% × 10년 만기 국채 금리

예를 들어, 10년 만기 국채 금리가 연 4%라면 매년 보유 자산의 3.2%씩 인출한다. 투자 자산이 100만 달러일 때 매년 약 3만 2000달러를 인출해서 소비해야 한다는 뜻이다. 전체 투자 포트폴리오를 위험이 낮은 국채로만 채우고 있을 가능성은 낮고, 반드시 무위험 자산으로만 채울 필요도 없다. 하지만 10년 만기 국채 금리는 현재 인플레이션과 기대 인플레이션, 위험 선호도, 위험 자산의 기대 수익률, 경제 전망을 모두 고려한 황금 지표다.

불황이 찾아와 투자자들이 안전한 국채로 몰리면서 10년 만기 국채 금리가 연 1%로 떨어진다면 비상시를 대비해 자본금을 남겨놓거나 위험 자산에 더 많이 투자할 수 있도록 동적 안전 인출률을 0.8%로 낮추는 것이 좋다. 현금 흐름이 부족하다면 추가로 일을 하는 것도 괜찮다.

반대로 인플레이션이 높아져 10년 만기 국채 금리가 연 5%로 오른다면 구매력이 약해지고 있다는 뜻이다. 즉 더 많은 돈이 필요해진 것이므로 인출률을 4.8%까지 올려야 할 수도 있다. 물론 금리가 지나치게 높아져 성장이 둔화되면 위험 자산의 가격이 폭락할 수도 있으므로 경제 흐름을 날카롭게 모니터링해야 한다.

소비 평탄화와 함께 동적 안전 인출률 방식을 적용하면 소비에 대한 감을 잡을 수 있다. 이상적인 소비의 균형점을 찾기는 어렵지만 시도해볼 만한 가치는 충분하다. 수년 동안 잔소리가 심한 상사 밑에서 일했던 지옥 같은 시절을 떠올려보자. 힘들게 번 돈을 위험 자산에 투자하면서 느꼈던 두려움도 떠올려보자. 이제 더 나은 오늘을 위해 즐겁게 소비함으로써 젊었을 때의 희생을 기리자.

행복의 균형점 찾기

경제적으로 편안한 삶에는 많은 이점이 있다. 특히 나는 시간과 돈에 대해 관대해졌다는 점에 감사한다. 베푸는 삶은 받는 삶보다 훨씬 더 행복하다. 이것이 내가 2009년 7월부터 파이낸셜 사무라이에 매주 세 편의 무료 게시물을 올리는 주된 이유다. 구독자들에게 경제적 문제의 해결책을 조언해주거나 힘든 하루를 위로하는 말을 건네는 것은 정말 멋진 일이다. 하지만 기본 생활비를 충당할 만큼 충분한 소득이 없었다면 이렇게 글을 꾸준히 게시할 수는 없었을 것이다.

무엇이든 여유가 생겼다면 다른 사람들을 도울 수 있는 방법을 자주 찾아보자. 지금까지 축적한 지식과 지혜가 사장되게 두지 말고 가능한 한 많은 사람을 가르치기 위해 최선을 다하자. 이 일은 삶에 의미와 목적을 깨닫게 하고 행복으로 이끈다.

다음으로 스스로에게 이런 질문을 던져보자. '지금까지 축적한 넉넉한 자산으로 무엇을 할 것인가?' 물론 전부 기부할 수도 있다. 하지만 앞서 말했듯 핵심은 균형이다. 이 책을 읽기 시작할 때 적었던 목적과 목표를 다시 살펴보자. 이제 그것을 실행할 때다. 이제부터 돈 쓰는 법에 대한 몇 가지 아이디어를 소개한다.

수백만 달러를 쓸 수 있는 아이디어

무서워하지 마라. 수백만 달러를 재미있게 쓸 수 있는 방법은 차고 넘친다.

후하게 베푼다

야망 넘치는 젊은 창업가에게 작은 규모로 보조금을 지원하고 엔젤 투자를 해보자. 실패할 수도 있지만 운이 좋다면 상당한 수익을 거둘 것이다.

살아 있는 동안 사랑하는 사람들에게 보답해라. 당신의 경제적 안정을 가족들이 알고 있다면 가장 가까운 사람들과 함께 축하하자. 로또처럼 굴러 들어온 큰 행운을 사랑하는 많은 사람과 나눠라.

영원히 기억될 파티를 연다

시계나 자동차와 같은 사치품은 처음 살 때만 매력적이다. 대신 영원히 남을 추억을 만드는 데 돈을 써보자.

잊지 못할 콘셉트의 파티를 열 수도 있고, 유명 요리사를 섭외해서 고급 와인을 시음하거나 요리 수업을 진행할 수도 있으며, 특별한 날을 위한 코스튬 파티를 즐길 수도 있다. 축하할 이유를 찾고 기쁨을 만끽하자.

친구들과 공유하는 추억은 시간이 지나면서 더 소중해진다. 좋은 친구들이라면 당신이 베푸는 호의를 고맙게 여기며 본인이 여는 행사에도 초대할 것이다.

호화로운 휴가에 친구들을 데려간다

친구들과 함께할 여유가 있는데 굳이 왜 혼자 슈퍼볼이나 테일러 스위프트 콘서트에 가겠는가? 친한 친구들에게 1열 좌석이나 박스석을 선물하고 같이 즐기며 추억을 만들자.

마찬가지로 내가 모든 경비를 부담하고 친구들을 프랑스 리비

에라나 보라보라섬으로 초대할 수도 있다. 해변 앞에 있는 집을 빌려서 여유를 만끽하며 밤새도록 파티를 즐기자.

여행지에 있는 동안 그곳에서만 즐길 수 있는 최고의 액티비티를 예약하고 버킷 리스트를 실현해보자. 최고급 식당에서 식사하거나 전문 가이드가 동행하는 소규모 사파리를 체험하는 것도 좋다. 이런 경험을 자신의 행복 은행에 투자하는 것이라고 생각하자. 장담컨대 이런 경험들의 가치는 시간이 흐를수록 더욱 커질 것이다.

꿈꾸던 집을 산다

현금을 티슈처럼 뽑아 써버리는 것 같다는 생각에 불안해진다면 두려워하지 말고 멋진 집을 한 채 사라. 이것이야말로 재산을 책임감 있게 소비하는 가장 쉬운 방법이다.

보통 사람은 하루 최소 열두 시간을 집에서 보낸다. 운 좋게 재택근무를 하거나 은퇴 후 생활을 즐기고 있다면 20시간 이상이 되기도 한다. 집은 사실상 당신의 두 번째 피부이자 가장 많이 사용하고 아끼는 자산이다. 그렇다면 가능한 예산 범위 안에서 가장 좋은 집을 소유하는 것이 어떨까?

넓은 테라스에서 저녁 모임을 열 수 있는 전망 좋은 집을 사자. 아이들이나 반려동물들이 몇 시간이고 신나게 뛰어놀 만한 넓은 땅을 같이 사는 것도 좋다.

물론 소비는 감당할 만큼만 해야 한다. 선을 넘어버리면 오히려 스트레스가 쌓이고 현재와 미래의 재정 상태가 엉망이 될 수 있다. 재산세와 유지·보수 비용을 지불하고 남는 돈에서 이런 소비를 하면 기분이 훨씬 좋아지고, 내가 원하는 라이프스타일을 만들어가는 데도 도움이 된다.

건강에 투자하라

수십 년 동안 열심히 노력한 끝에 마침내 그토록 간절히 원하던 순자산 100만 달러를 달성했는데 그다음 주에 세상을 떠난다면 어떨까? 이것만큼 억울한 일도 없다.

이제 반대로 50세쯤 백만장자가 되어 앞으로 40년 동안 건강한 생활을 즐긴다고 생각해보자. 훨씬 좋아 보이지 않는가? 성공을 제대로 만끽하려면 돈을 써버리는 기술과 함께 오래 사는 기술도 익혀야 한다.

공짜로 더 오래 사는 방법

실리를 중시하는 백만장자로서 어떻게 하면 공짜로 수명을 연장할 수 있는지 알아보자.

미국의 장수 연구가인 댄 뷰트너Dan Buettner는 블루존blue zone이라는 개념을 정립해 건강하게 장수하는 법에 대해 설파했다.[3] 뷰트너는 자신의 다큐멘터리와 저서에서 이탈리아의 사르데냐섬, 일본의 오키나와섬, 코스타리카의 니코야반도, 그리스의 이카리아섬, 캘리포니아주의 로마린다 등 다섯 개 지역에서 발견한 놀라운 장수의 비밀을 풀어냈다. 이들 지역에는 천천히 나이 들면서 비교적 건강한 100세 이상 인구가 유난히 많은 것으로 유명하다. 그 지역의 사람들은 다방면으로 건강한 삶을 추구하며 그들 역시 여러 가지 라이프스타일이 건강에 긍정적인 영향을 미친다는 것을 알고 있다.

블루존의 생활방식에서 주목할 점은 콩이 많이 들어간 식물성 식단을 주로 섭취한다는 것이다. 여기에 소고기와 유제품 섭취는 줄이고 항산화 성분이 풍부한 허브차와 레드 와인을 곁들인다. 특히 사르데냐섬의 칸노나우 와인Cannonau wine이 유명하다.

블루존은 공동체 내에서 다양한 사회적 관계를 맺는 것도 중시한다. 외로움은 기대수명에 나쁜 영향을 미치는 조용한 전염병이다. 블루존에서는 서로 긴밀한 관계를 형성함으로써 정신 건강을 돌보며, '살아갈 이유'라는 뜻의 일본어인 이키가이生き甲斐를 강조하며 외로움을 극복한다.[4] 목적의식을 갖고 기쁨이 충만한 삶을 사는 것이 블루존의 핵심 요소다.

블루존의 생활방식에서 또 하나 흥미로운 점은 걷기다. 오키나와섬, 이카리아섬, 사르데냐섬에서는 늘 자연스럽게 함께 걸음으로써 저강도 운동을 실시하는 동시에 사회적 관계를 맺는다. 걷기 모임에 참여하면 책임감 있는 운동 습관을 들이게 되고, 사회적 유대감이 강화된다. 더 오래 건강한 삶을 살 수 있는 가능성이 커지는 것이다. 주변에서 이러한 걷기 모임을 찾기 어렵다면, 집 밖을 함께 산책할 반려견을 키우는 것도 좋은 방법이다.

블루존의 생활방식은 단순히 신체 건강을 위한 처방이 아니라 웰빙을 위한 전반적인 지침이다. 우리는 이 특별한 공동체의 지혜를 우리 삶에 접목해 여생을 활력 넘치게 살아갈 수 있다. 블루존의 생활방식을 받아들인다고 해서 반드시 장수한다는 보장은 없지만, 적어도 확률은 높일 수 있다.

더 건강해지기 위해 돈을 쓰는 여섯 가지 방법

이제 더 건강하게 오래 살려면 어떻게 돈을 써야 할지 살펴보자.

① 건강검진

의학이 발전하면서 사람들은 과거 그 어느 때보다 더 빠르고 정확하게 건강 문제를 발견하게 되었다. 남은 삶을 마음껏 누리도록 매년 종합 건강검진을 받고 건강 문제를 조기에 발견하자. 여기에는 심장 스캔, 혈액 정밀 검사, 유전자 검사, 암 검진 등이 포함된다.

건강검진은 대개 보험이 적용되지 않으며 비용이 수천 달러에 이르기도 한다. 하지만 문제를 조기에 발견하는 것만으로도 그 가치는 충분하다. 적절한 시기에 건강검진을 받는다면 우리는 우리 몸에 대해 정확하게 알 수 있다. 지금부터 10년이나 20년 후에 무엇을 발견하게 될지 누가 알겠는가?

현재 이용할 수 있는 건강검진 항목과 그 대략적인 비용을 몇 가지 살펴보자. 의사에게 건강검진으로 인한 부작용을 물어보고, 새로운 방법을 늘 최신 정보로 업데이트해라.•

전신 스캔. 전신 스캔으로 악성 암과 낭종, 혈종, 혈관종, 농양 등 양성 암을 찾아낼 수 있다.[5]

DEXA 스캔이나 DXA 스캔. 이 검사는 골밀도를 정밀하게 측정해 골절 위험을 확인한다.[6] 즉 골다공증과 같은 뼈 질환을 진단하고 발병 위험을 평가할 수 있다. 특히 DEXA 스캔은 골밀도 외에도 체지방, 내장지방, 근육량, 근육 불균형도 파악할 수 있다.[7]

갈레리 검사 Galleri test. 바이오테크 회사인 그레일GRAIL은 MCED(다중암 조기 진단 테스트) 기술을 사용한 갈레리 검사를 개발했다. 이 기술은 무증상이더라도 간단한 혈액 검사만

• 우리나라의 경우 건강검진 비용을 기본적으로 정부가 전액 부담한다. 여기에 각자 원하는 별도 검사 항목을 본인 부담으로 추가하는 구조다. 아래 언급된 세 가지 항목 또한 건강보험 덕분에 비용이 저렴하다. 병원마다 차이가 있지만, 전신 스캔은 140만 원, DEXA 스캔과 DXA 스캔은 2~5만 원 정도만 부담하면 된다(갈레리 검사는 국내 미도입).

으로 50종 이상의 암을 찾아낼 수 있다.[8]

건강검진에서는 위양성과 위음성이 나올 수도 있다. 즉 암에 걸리지 않았는데 암이라고 판정하거나 그 반대의 가능성이 있다는 것이다. 그로 인해 예기치 못한 스트레스를 받을 수도 있고, 후속 검사에 드는 비용도 만만치 않게 들 것이다. 따라서 어떤 검사를 받기 전에는 결과에 대해 어느 정도 각오하는 편이 좋다. 이런 문제를 신경 쓰고 싶지 않다면 차라리 매일을 인생의 마지막 날인 것처럼 즐겁게 살아가는 편이 나을지도 모른다.

② 컨시어지 의사

초부유층의 세계로 들어가면 '개인 주치의'라고도 불리는 컨시어지 의사가 의료 서비스를 담당한다. 이들은 환자와 직통 연락처를 공유해 건강에 대해 궁금하거나 걱정되는 점에 대해 곧바로 도움을 준다. 더 이상 간단한 검사를 받기 위해 6개월씩 기다리지 않아도 된다. 컨시어지 의사들은 우선 예약 서비스를 제공하고 병원 문을 닫기 직전에도 진료를 봐주며 공급이 부족한 백신과 의약품도 쉽게 구해준다. 심지어 왕진을 하는 경우도 있다.

③ 퍼스널 트레이너

나이가 들수록 마음은 젊은데 몸이 따라주지 않는 경우가 많다. 그러다 보면 운동을 무리하게 하다가 다칠 수도 있다. 퍼스널 트레이너와 함께 운동하는 것은 성공으로 가는 맞춤형 로드맵과 비슷하다. 그들은 전문적인 지식을 바탕으로 당신의 신체 컨디션과 목표, 능력치에 맞춘 운동을 알려준다. 또한 부상을 최소화하는 안전한 상태로 몸을 최대한 움직이도록 동기를 부여한다.

④ 개인 요리사

건강에 좋은 식사를 하기 위해 개인 요리사의 서비스를 즐기는 것은 신의 한 수다. 딱 맞는 양으로 맛있는 식사를 대접받고, 요리에 드는 시간과 에너지도 한층 절약된다. 식사에 포함되는 메뉴 고민부터 더러워진 주방을 청소하는 일까지, 귀찮은 일에서 벗어나 원하는 일에만 행복하게 집중할 수 있다. 개인 요리사가 너무 부담스럽다면 좋아하는 식당에서 음식을 배달하는 것도 괜찮은 방법이다. 육식주의자로서 한 달 내내 드라이 에이징한 립 아이나 참치 회를 즐기지 않을 사람이 어디 있겠는가?

⑤ 정신 건강을 돌보는 활동

정신 건강은 신체 건강만큼이나 중요하지만 우리 사회는 여전히 그 중요성을 제대로 인식하지 못하고 있다. 우리는 퍼스널 트레이너, 영양사, 의사에게는 많은 돈을 쓰지만 트라우마나 감정적 상처 같은 정신적 고통을 해결하는 문제는 전문가에게 맡기길 꺼린다. 정신적으로 건강하지 않다면 마음을 돌보고 기운을 북돋아줄 심리치료사나 라이프 코치를 찾아가 보자.

휴식과 마음챙김 등에 초점을 맞춘 휴양 프로그램에 참여해 재충전하는 것도 좋다. 자기계발 프로그램에 등록하거나 그림 그리기, 글쓰기, 악기 연주와 같은 창의적인 취미를 새롭게 시작해 보는 것도 마음껏 자기표현을 하면서 마음을 회복하는 훌륭한 방법이다. 이런 활동들을 하면 정신 건강이 좋아지고 전반적인 삶의 행복도 두루 높일 수 있다.

⑥ 회원제 스포츠 클럽

건강과 관련해서 내가 가장 즐기는 사치는 바로 회원제 스포츠 클럽이다. 내가 등록한 곳은 평범한 고급 헬스장이 아니다. 땀을 흘리면서 운동하고, 친구들과 어울리며, 진심으로 편안한 기분을 느낄 수 있는 안식처다. 겨울에는 실내 시설을 이용할 수 있다는 장점도 있어서 계절성 우울증 해소에도 효과적이다.

회원제 스포츠 클럽은 우정을 쌓는 통로가 되기도 한다. 인맥을 넓힐수록 예상치 못한 좋은 기회를 더 많이 얻을 수 있다. 같이 테니스를 치던 회원이 소중한 고객이 되기도 하고, 학교의 이사회에 소속된 피클볼 친구에게 아이의 진학과 관련된 도움을 받을 수도 있다.

남을 재산이 여전히 많은 것 같다면?

내가 제안한 소비 항목을 제대로 실천해도 여전히 지나치게 많은 재산이 남을 수 있다. 특히 저축에만 몰두해온 사람이라면 더욱 그럴 것이다. 수십 년 동안 모으기만 하던 오랜 습관은 쉽게 바꿀 수 없다. 2009년부터 1,000명이 넘는 백만장자를 인터뷰하면서 나는 수많은 백만장자가 심리적인 장벽 때문에 과소비를 못한다는 사실을 발견했다. 그들은 마치 마음의 감옥처럼 모으는 사람으로서의 사고방식에 여전히 얽매여 있었다.

부를 줄여나가는 여정을 시작할 때도 부를 축적할 때만큼이나 계획적으로 접근해야 한다. 지출 목표를 달성하지 못한 달이 있어서는 안 된다. 매달 지출 비율을 정하고 시간이 지나면서 점진적으로 늘려가자.

예를 들어, 상반기에는 평소보다 10% 더 지출하는 것을 목표로 삼아 소비하는 과정에 친숙해져라. 그다음 하반기에는 20%를 더 지출해보자. 이렇게 함으로써 의도적으로 평생에 걸쳐 매끄러운 소비 패턴을 만들 수 있다. 재산을 현명하게 소비해나가는 과정에서 거둔 성공을 기뻐하자.

# 백만장자의 비밀 노트

☐ 건강검진을 하기 전, 검사 결과가 부정확하게 나올 때의 파급 효과를 고려하자. 40세 이후에는 매년 건강검진으로 질병을 예방하는 것이 중요하지만 매일 즐기며 살기로 마음먹었다면 굳이 정밀 검사를 해서 운명을 시험할 필요는 없을지도 모른다.

☐ 수백만 달러를 쓰지 않고 죽는다면 어떤 기분일지 자문해보자. 35세의 자신에게도 살아 있는 동안 재산을 쓰거나 기부하지 않는다면 어떤 기분일지 물어보자.

☐ 이 책의 시작 부분에서 백만장자로 향하는 여정을 떠나기 위해 설정했던 목적과 목표를 다시 살펴보자. 지금까지 얻은 지식과 이 장에서 제시한 소비 방법들을 통해 목적과 목표를 어떻게 바꿀 수 있을지 생각해보자.

☐ 더 오랫동안 삶의 질을 높게 유지하기 위해 여생에 걸쳐 지출을 고르게 분배하는 소비 평탄화를 실천한다.

☐ 순유동자산을 계산하고 이 값을 기대수명에서 현재 나이를 뺀 값으로 나누어 매년 지출해야 하는 금액에 대한 기준선을 정한다. 이렇게 나온 값이 재산을 줄이기 위해 매년 써야 하는 최소 소비 금액이다.

☐ 좋은 집에 투자한다. 잘 고른 집은 중요한 소비 항목이자 가치 상승을 노릴 수 있는 자산이다.

☐ 변화하는 시대에 적응하기 위해 FSWR과 같은 동적 인출 비율을 적용한다.

☐ 대가를 바라지 말고 소중한 사람들에게 시간과 돈을 써라. 타인을 돕는 것보다 행복을 느낄 수 있는 더 좋은 방법은 없다.

☐ 더 오랫동안 건강하게 살고 싶다면 블루존의 비밀을 공부하고 소비의 우선순위를 건강 증진에 둔다.

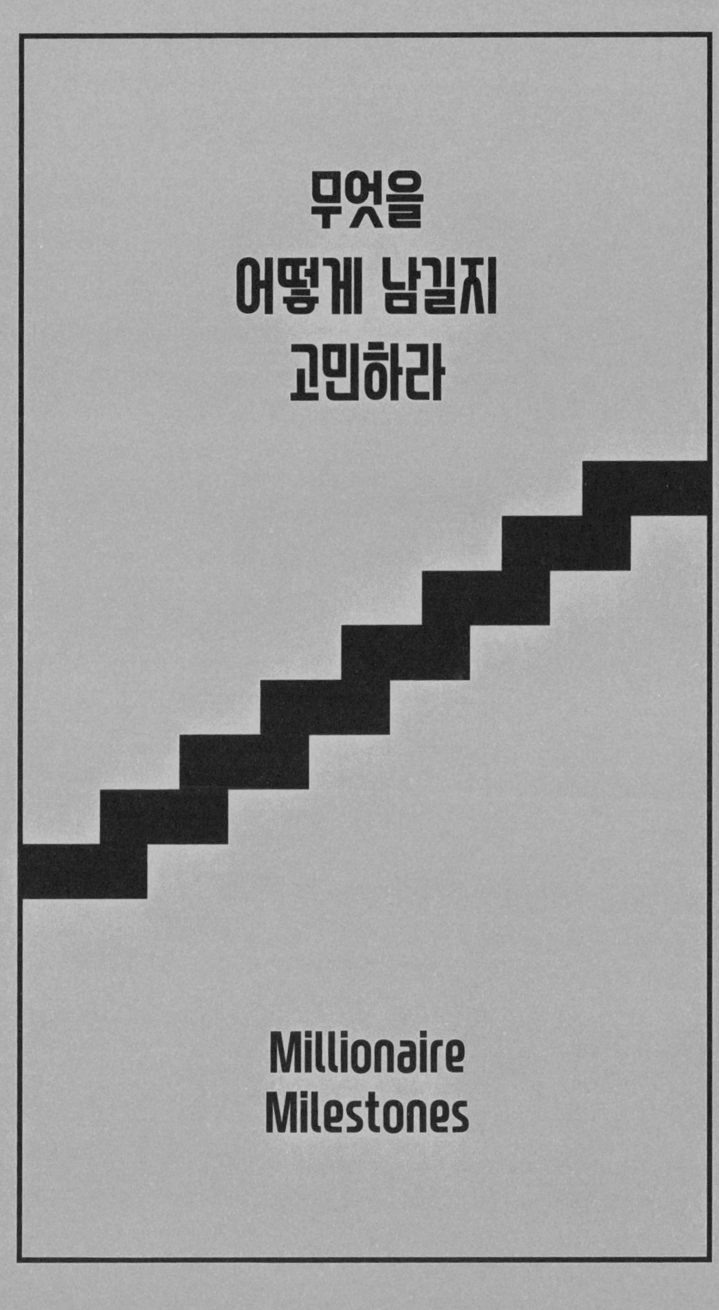
무엇을
어떻게 남길지
고민하라

Millionaire
Milestones

초부유층은 어째서 이미 막대한 기금을 보유한 유명 대학에 엄청난 장학금을 기부하는 걸까? 하버드대학교처럼 500억 달러가 넘는 기금을 보유하고 있는 기관들은 사실 그만한 돈이 필요하지도 않다.

답은 바로 유산 때문이다.

나는 기부금을 내고 보여주기식 유산을 만드는 행태가 다소 불쾌했다. 나무 벤치에 이름을 새기는 일은 우스워 보이기까지 했다. 하지만 40대 후반이 되어 죽음이 더 가깝게 느껴지기 시작하자 생각이 조금 달라졌다. 일류 대학에 파이낸셜 사무라이의 이름을 붙인 건물을 지어 아이들을 기부 입학시킬 만한 능력은 없지만, 아마도 오랫동안 읽히는 글은 쓸 수 있을 것이다. 솔직하게 좋은 글을 쓴다면 이 책도 시간의 시험을 견뎌낼 수 있을지 모른다.

죽어서도 영원히 이름을 남기는 법

사적이고 소박한 유품에서부터 거대 공공 기념물에 이르기까지 유산을 남기는 방법은 다양하다. 상상 가능한 어떤 방식으로든 유산을 남길 수 있다.

당신이 세상을 떠난 뒤 가족과 사랑하는 사람들이 편안하게 살 수 있도록 준비하는 것도 중요하다. 상속 계획을 세우는 일은 복잡하지만 백만장자가 되기 위한 여정에서 간과해선 안 되는 문제다. 이런 일들을 제대로 정리해두면 매일 밤 훨씬 편안한 마음으로 잠들 수 있다.

영원한 유산을 남기고 싶어 하는 것은 인간의 본성이다. 어쩌면 당장은 이름에 영원성을 부여하는 것이 마음에 들지 않겠지만, 결국에는 이 일에 끌리게 될 것이다. 누구든 죽음이 가까워질수록 사람들이 기억할 만한 무언가를 남기고 싶다는 열망이 서서히 피어나기 때문이다. 아끼던 만화책 컬렉션만큼 소박한 것일지라도 말이다.

어떤 사람들은 자녀라는 유산을 남긴다. 자녀가 따뜻한 마음을 품고 정서적으로 안정되게 자라서 세상에 기여하길 바라는 것은 모든 부모의 소망이다. 그래서 '존 4세'처럼 대대로 이름을 물려주는 관습도 존재하는 것이다.

자녀가 없더라도 유산을 남길 수 있는 방법은 아주 많다. 몇 가지 아이디어를 소개한다.

- 나만의 요리법, 삶의 지혜, 가족 이야기 등을 담은 책을 출간한다.
- 공공 예술 설치물, 공원 벤치, 포장석 등을 만드는 일에 기부하고 명판에 이름을 새겨 넣는다.
- 자신의 이름으로 매해 지급되는 대학 장학기금을 만든다.
- 환경보호 신탁을 통해 녹지와 자연보호 구역을 매입한다. 당신이 주는 환경적 선물은 대대로 이어질 것이다.
- 가장 내밀한 생각과 감정이 영원히 기록될 수 있도록 웹사이트나 팟캐스트, 유튜브 채널, 기타 영상물을 만든다.

때가 되면 세상에 의미 있는 기여를 했다고 생각하면서 평안히 눈을 감을 수 있게 되기를 바란다. 사후 세계가 있다면 최선을 다해 살았던 세상을 내려다보며 미소 지을 수 있을 것이다.

마지막 강의가 남긴 살아 있는 유산

지금까지 본 여러 유산 가운데 나는 랜디 포시Randy Pausch가 남긴 책을 가장 좋아한다.

포시는 카네기멜론대학교의 컴퓨터공학과 교수였다. 그는 겨우 46세에 췌장암 말기 판정을 받았다. 죽음이 고작 몇 달밖에 남지 않은 상황에서 그는 열정적으로 마지막 강의를 준비하며 어린 시절의 꿈을 이루고 최선을 다해 사는 방법을 이야기했다.

암이라는 암울한 진단을 받았음에도 포시는 유머와 지혜, 영감으로 가득 차 있었다. 온라인에 강의가 공개되자 목적을 갖고 꿈을 좇아야 한다는 그의 메시지가 전 세계 수백만 명에게 감동을 주었다. 그는 자기 연민에 빠진 채 낙담하며 허송세월하지 않았다. 이 강의를 책으로 내고 텔레비전 인터뷰를 하면서 활기차게 한 해를 버텼다.

포시가 이렇게 할 수 있었던 원동력은 앞으로 자라는 모습을 볼 수 없을 세 명의 어린 자녀였다. 아버지의 사랑이 담긴 유산을 남기고 싶었던 그는 자신의 강의를 유리병 속에 든 편지라고 생각했다. 그가 세상을 떠난 후에도 아이들이 언제든 다시 꺼내 보고 아빠의 존재를 느낄 수 있는 유산 말이다.

포시는 이 강의를 통해 아무리 큰 장애물이 있어도 포기하지 말고 기뻐하라는 메시지를 전 세계에 전했다. 그 메시지는 오늘날에도 여전히 많은 사람의 삶을 변화시키고 있다. 카네기멜론대학교 웹사이트에서 포시의 감동적인 강의를 직접 보길 바란다.[1] 오래도록 남을 그의 따뜻한 정신으로 당신의 꿈에 다시 불을 지필 수 있을 것이다. 어쩌면 사랑하는 사람들을 위해 나만의 영상을 직접 만들어보고 싶어질지도 모른다.

당신은 어떻게 기억되길 원하는가?

세상을 떠난 후 사람들이 당신을 어떻게 기억하길 바라는가? 대부분의 사람들은 재산의 액수보다는 이상, 가치관, 성취 등 자신이 지닌 긍정적인 특성들을 기억해주길 원한다. 당신이 남기고 싶은 유산을 머릿속에 그린 다음 그것을 표현할 수 있게 이정표를 만들어라. 창의력을 불어 넣어줄 몇 가지 공통적인 주제들을 소개한다.

선한 마음. 사람들은 대의를 위해 돈, 또는 장학금을 기부하거나, 병원 건축에 기여하거나, 장애인 센터에서 자원봉사를 하는 등 타인을 위해 베푼 선행을 기억한다.

성공. 경영, 정치, 예술, 학술, 스포츠, 그 어떤 분야에서든 빛나는 성공을 거머쥐면 확실한 인상을 남길 수 있다.

혁신과 발견. 사람들이 생각하고, 일하고, 행동하는 데 유용한 독창적이고 새로운 방식을 개척함으로써 흔적을 남긴다.

인정. 도움이 필요한 사람들에게 늘 먼저 손을 내밀고 귀 기울여 들어주면 좋은 사람으로 기억될 것이다.

이러한 목적에 따라 세상에 울림이 있는 기여를 한 삶은 따뜻하고 뿌듯한 감정을 느끼는 데서 끝나지 않는다. 시간이 지나 후손들에게도 자랑스러움을 남긴다.

나만의 길을 개척하라

영화 〈인셉션〉에서 주인공 돔 코브와 그의 팀은 에너지 재벌 피셔그룹의 경쟁자인 사이토라는 인물의 요청으로 피셔그룹의 후계자 로버트 피셔의 마음에 생각을 심으려고 한다.

로버트의 아버지인 모리스 피셔는 업계를 독점할 만큼 거대한 기업을 일구었다. 이에 사이토는 모리스의 건강 악화를 기회로 이 거대 기업을 해체하기로 마음먹고 코브를 고용해 로버트에게 인셉션을 수행하게 한다. 영화에서 인셉션이란 꿈을 공유하는 기술로, 누군가의 잠재의식에 침투해서 특정한 생각을 심는 것이다. 간단히 말해 상대방이 자기에게 유리한 행동을 하도록 몰래 그를 조종하는 방법이다. 사이토의 목표는 로버트가 아버지의 제국을 스스로 해체하게끔 유도하는 것이다.

정교하게 설계된 꿈속의 설산에서 코브는 로버트가 생각을 바꿀 금고를 열도록 능숙하게 유도한다. 이 금고에는 관객들이 예상했을 법한 기업 비밀이 아니라 로버트의 병든 아버지가 남긴 가장 내밀한 생각과 가족사가 담겨 있다.

로버트가 금고 안으로 들어가자 아버지의 중얼거리는 소리가 들린다. "나는 너에게 실… 실…." 그러자 로버트가 대답한다. "알아요, 아버지. 아버지처럼 되지 못한 저에게 실망하셨잖아요." 이에 아버지가 힘겹게 부정한다. "아니… 아니, 아니야…. 네가 나처럼 되려고 해서 실망했다…." 그러면서 떨리는 손을 들어 침대 옆 탁자 밑에 있는 금고를 가리킨다. 로버트는 금고 안에 뭐가 있을지 두려워하며 비밀번호를 천천히 누른다.

금고 맨 위 칸에는 아버지의 유언장이 그리고 그 아래에는 로버트가 어린 시절 가지고 놀던 장난감이 놓여 있다. 죽어가는 아버지의 침대 옆 탁자 위 오래된 사진 속에서 어린 로버트가 들고 있는 바람개비다.

로버트는 이 장난감이 상징하는 안도감, 갈망, 책임감, 사랑의 감정을 느끼며 아버지의 자부심과 높은 기준이 거절이 아니라 깊은 애정에서 나왔다는 사실을 깨닫는다. 로버트는 마침내 아버지(실제로는 사이토)가 바랐던 대로 피셔그룹의 새로운 길을 열 준비를 한다.[2]

가족의 유산을 지키는 일은 큰 부담이지만 어쩌면 나답게 나만의 길을 개척하는 것만으로도 충분할지 모른다.

유산 상속은 가족을 보호하는 방식이다

자녀들이 자신만의 길을 걸어갈 수 있게 도우려면 튼튼한 안전장치를 마련해야 한다. 내가 세상을 떠난 뒤에 남을 자녀들을 위해 법적인 절차에 따른 재정 계획과 종합적인 상속 계획을 세워야 한다.

다음은 가족과 유산을 보호하기 위해 달성해야 할 핵심적인 상속 계획들이다.

1. 유언장을 작성한다. 유언장은 사후 자산 분배 방법에 대한 대략적인 내용을 담은 법적 문서다. 금융 계좌, 부동산, 소유물 등의 재산을 누구에게 상속할지 구체적으로 명시할 수 있다.

2. 신탁을 설정한다. 유언장에서 한 단계 더 나아간 것이 취소 가능 신탁이다. 신탁은 자산 분배의 조건과 방식을 보다 구체적으로 설정할 수 있으며 특히 자산이 아주 많거나 유산 상속 시기와 방법을 구체적으로 정하고 싶을 때 유용하다. 또한 신탁을 설정하면 세금 측면에서 유리할 뿐 아니라 큰 비용이 드는 상속법원 검인 절차를 거치지 않아도 된다는 장점이 있다.

3. 법정 후견인을 지정한다. 자녀가 미성년자라면 유언장에 법정 후견인을 지정해놓는 것이 좋다. 이렇게 하면 부부가 한꺼번

에 세상을 떠나는 최악의 상황에도 자녀의 돌봄과 양육에 대한 대비책을 확실히 마련해놓을 수 있다. 가장 신뢰하는 사람들의 명단을 작성하고 당신에게 불의의 일이 생겼을 때 아이들의 법정 후견인이 되어줄 수 있는지 물어본다.

4. 생명보험을 가입한다. 생명보험은 당신이 사망했을 때 가족들에게 경제적 안정성을 제공한다. 보험금으로 생활비, 교육비, 그 외에 필요한 돈을 충당할 수 있다. 생명보험을 가입하기에 가장 좋은 시기는 30세쯤이다. 자녀가 생기고 주택담보 대출 때문에 인생이 복잡해지는 시기지만 보험료가 낮게 책정되기 때문이다. 이때 가입하기 가장 좋은 유형은 30년 만기 정기 생명보험이다.

5. 자녀에게 올바른 가치관을 교육한다. 재정적 문제 이상으로 중요한 일은 자녀들에게 올바른 가치관을 심어주는 것이다. 인생의 중요한 결정을 현명하게 내릴 수 있는 지식을 자녀에게 물려주자. 돈에 대한 교육부터 가족의 전통까지, 세대를 넘어 전해질 수 있는 이야기를 들려주자. 당신의 가르침과 통찰력은 자녀에게 도움이 되며 당신의 유산도 지켜줄 것이다.

6. 중요한 정보는 서류로 남겨놓는다. 보유 자산, 금융 계좌, 보험 증권, 사용자 이름과 비밀번호, 특정 물건의 위치 등 중요한 정보를 담은 사망 대비 파일을 만들어라. 믿을 만한 가족이나 친구에게 이 문서를 공유하고 계속 업데이트해야 한다.

7. 터놓고 소통한다. 당신의 바람에 대해 가족들과 솔직하게 대화한다. 상속 계획의 세부 내용과 구체적인 준비 사항에 대해서도 이야기를 나눈다. 이렇게 하면 사후에 발생할 수 있는 혼란과 갈등을 피할 수 있다. 대화를 녹음해 상속 관련 문서와 함께 보관하는 것도 좋은 방법이다.

8. 전문가와 상담한다. 법적인 절차와 가족의 필요에 맞는 재무 전문가, 상속 전문 변호사, 세무사와 상담해라.

정확한 상속 계획은 각자의 재무 상황과 가족 관계 등 개인적인 상황에 따라 달라진다. 자신의 목표에 맞게 유산을 가장 잘 보호하는 방식으로 전문가와 상담하는 것은 언제나 좋은 생각이다. 위의 내용들을 더 자세히 알고 싶다면 '더 읽어보기'를 참고하길 바란다.

상속 전문 변호사와 나눈 대화

아이들이 태어나자 아내와 나는 상속 전문 변호사의 도움을 받아 우리 둘 중 한 명이 일찍 사망하더라도 아이들과 재산을 보호할 수 있는 철회 가능 신탁을 설정했다. 처음 변호사를 만났을 때 그녀는 이렇게 말했다. "일반적인 생각과 달리, 상속 계획은 부자들보다 부자가 아닌 사람들에게 더 필요할 수도 있어요. 예상치 못한 사망의 경우 미처 대비하지 못한 상속세 때문에 상속 자체가 어려울 때도 많거든요. 눈앞에서 상속금이 날아가면 평범한 사람들에게는 너무 큰 손해이지요."

미국의 복잡한 법률 체계 때문에 사망 후 재산을 물려주는 과정은 번거롭고 비싸다. 유언장이나 신탁이 없을 경우 상속인들은 일반적으로 전체 유산 가액의 3~8%를 다양한 수수료로 지불해야 하며 이를 처리하는 과정에 1년 이상이 걸릴 수도 있다. 여기에는 법원 수수료부터 법률 및 회계 비용, 감정 비용, 보증보험료, 기타 비용이 포함된다.

이와 대조적으로 취소 가능 신탁을 설정하는 데 드는 총비용은 전체 유산 가액의 1~3%에 불과하다. 하지만 내게는 비용 절감 측면보다 비공개성이 더 큰 이점이었다. 나는 스텔스 웰스를 실천하는 사람으로서 사람들이 내가 가진 재산 규모와 분배 내역을 추정할 수 없기를 바랐다. 취소 가능 신탁을 설정하면 상속 관련 지침을 구체적으로 설정해놓고 세금도 적게 낼 수 있어 상속 과정이 더 쉬워진다.

<hr>

우리나라에서 상속 수수료로 세무사에게 지불하는 비용은 통상적으로 순상속 자산의 0.4~0.8%다. 상속세 지불은 고인의 사망 시점에서 6개월 이내에 마무리되어야 한다. 아울러 상속세율은 금액이 늘어날수록 단계별로 높아지는 누진세 구조다. 즉 금액 전체에 적용되지 않고, 10~50%까지 해당 금액의 구간마다 세율이 적용된다.

상속 계획 시 꼭 기억해야 할 조언

일단 자녀가 생기면 적절한 상속 계획은 필수다. 서류를 정리하는 일은 복잡하지만 충분히 그럴 만한 가치가 있다. 상속 전문 변호사에게 들었던 세 가지 조언을 전달한다.

① 죽음을 받아들여라

모든 자산 중에서 가장 소중하고 유한한 것은 시간이다. 상속 계획을 세울 때는 이런 진실을 마주해야 한다.

나는 20~30대에는 60세까지만 살아도 충분하다고 생각했다. 그래서 후회하지 않기 위해 34세에 직장을 그만두었다. 그러다 아버지가 되면서 관점이 바뀌었다. 이제 나는 적어도 75세까지는 살고 싶다. 그래야 우리 아이들이 안정된 성인으로 자라나 독립하는 모습을 지켜볼 수 있기 때문이다. 어쩌면 손주들을 보게 될지도 모른다! 아이들이 잘 살아가는 모습을 본다면 행복하게 죽을 수 있을 것 같다. 다만 더 일찍 아이를 낳지 않은 걸 아쉬워할지도 모르겠다.

② 자산 규모에 따른 상속세 시나리오를 계획하라

예상보다 너무 많은 돈을 남기고 사망할 경우에는 상속인이 과도한 세금 부담을 지게 된다. 복리의 효과를 간과하면 여생 동안 축적할 수 있는 부의 규모가 크게 어긋날 수 있다.

2017년 제정된 세금 감면 및 일자리법Tax Cuts and Jobs Act 덕분에 이 책을 쓰는 현재 상속세 면제 한도는 꽤 높아졌지만 의회가 연장 법안을 통과시키지 않는 한 이 법은 2026년 1월 1일부로 만료될 예정이다.

다음 예시를 통해 사망한 해의 상속세 면제 한도가 상속인의 세금 부담에 얼마나 큰 영향을 미치는지 확인해보자. 개인의 상속세 면제 한도가 1361만 달러이고 세율이 40%라고 가정해보자. 이 조건에서 미혼인 상태로 2361만 달러를 남기고 사망한다면 공제 한도를 넘어서는 1000만 달러에 대해서는 40%의 세율이 적용되어 400만 달러의 상속세가 부과된다. 하지만 사망한 해의 상속세 면제 한도가 500만 달러이고 세율이 50%라면 상속인이 부담하는 세금은 930만 달러로 400만 달러보다 두 배 이상 높아진다.

이 극단적인 예시를 보면 세금이 상속인에게 미치는 영향과 죽기 전에 재산을 줄여나가는 것이 얼마나 큰 이익이 되는지 더 잘 이해하게 될 것이다.

● 우리나라의 상속세 면제 한도는 2025년 기준 기초 공제 2억 원, 자녀 공제 1인당 5억 원, 배우자 공제 5~30억 원, 금융자산 상속 공제 최대 2억 원, 장례 비용 공제 최대 1000만 원 등이며 채무 공제 역시 적용된다. 참고로 미국의 세금 감면 및 일자리법은 2025년 통과된 예산 조정 법안인 '하나의 크고 아름다운 법(One Big Beautiful Bill Act)'을 통해 대부분 조항이 연장되었다.

③ 살아 있는 동안 더 많은 재산을 나눠주자

자녀가 경제적으로 여유롭지 않다면 자립을 도와줘야 할 수도 있다. 그렇다면 당신이 죽은 후 재산을 물려주는 대신 살아 있는 동안 주택 매입이나 손주들의 대학 등록금에 돈을 보태는 편이 나을 것이다. 그렇게 하면 자녀가 가장 필요한 일에 도움을 주고 이로 인한 혜택도 누릴 수 있다.

죽은 뒤 세금으로 수백만 달러를 내느니 살아 있을 때 자기 자신과 사랑하는 사람들, 가치관과 맞는 일에 돈을 쓰는 편이 더 낫다. 따라서 상속세 면제 한도보다 더 많은 재산을 모을 것 같다면 지금 당장 열심히 써라.

의미 있는 존재가 되라

기회는 생각보다 더 순식간에 지나간다. 언젠가라는 막연한 약속에 매달리지 말자. 지금이 바로 그때다. 죽음 앞에서 당신은 삶에 의미가 있었기를 바랄 것이다.

인간의 유한함 앞에서 우리는 시간의 한계를 뛰어넘는 유산을 남기고 싶어 한다. 유산은 단순히 삶의 행적을 기록한 것 그 이상이며, 우리의 본질을 담은 살아 있는 이야기다.

목적을 가지고 살아가자. 영혼에 울림을 주는 가치가 무엇인지

깨닫고 다음 세대에 영감을 주는 유산을 남기자. 당신의 영향력
이 오래 지속되기를 바란다. 되돌아보면 삶에는 종종 후회가 남
지만 죽은 후 유산을 남김으로써 그로 인한 고통을 덜 수 있다.

 # 백만장자의 비밀 노트

- 어떤 사람으로 기억되고 싶은지 잠시 생각해본다. 오늘 당신이 어떤 의미 있는 존재인지, 미래에 어떤 유산을 남기고 싶은지 생각해보자.

- 상속 계획은 슈퍼리치만을 위한 것이 아니다. 취소 가능 신탁은 부자가 아닌 사람들에게 오히려 더 중요할 수 있다. 검인 절차에 따르는 비용이 상당하기 때문이다.

- cmu.edu/randyslecture에서 포시의 '마지막 강의'를 시청한다.

- 이상적인 유산을 남기기 위해 구체적인 이정표를 세우고 오늘의 행동을 통해 이야기를 만들어나간다.

- 구체적인 상속 계획을 세워 유산을 보호하고 가족의 안녕을 보장한다.

- 재산 상속에 대한 명확한 지침을 세워 가족의 미래에 당신의 영향력을 더 확실하게 남긴다.

- 사망 시 순자산 규모를 추정하고 상속세 공제 한도와 상속세율의 변화를 예상한다. 이렇게 미래를 예측하고 대비함으로써 재산과 그 분배 방식에 대해 현명한 결정을 내릴 수 있다.

☐   자기 자신이 되는 것의 중요성을 이해하기 위해 영화 〈인셉션〉의 금고
    장면을 본다.

☐   세상을 떠날 때, 내가 의미 있는 사람이었다는 확신을 갖는 것을 목표
    로 삼는다. 유산을 남기고 그 영향력이 다음 세대까지 이어지게 한다.

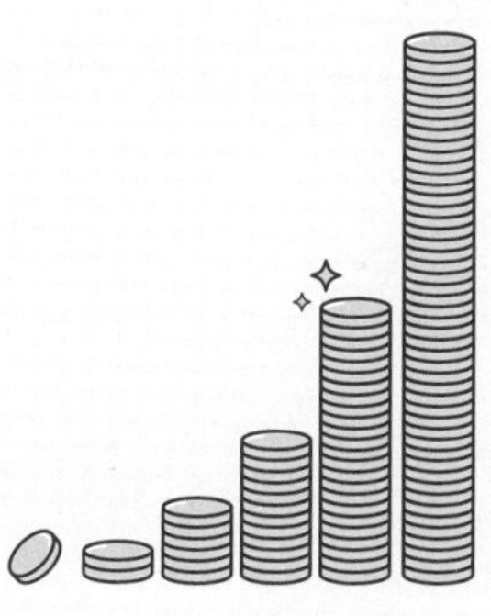

중요한 것에 집중하고 행동에 옮길 시간

백만장자가 되기 위한 이정표를 세우고 달성하는 여정은 시작과 중단의 반복일 것이다. 하지만 내가 좋아하는 중국 속담에 이런 말이 있다. "방향만 맞는다면 언젠가는 목적지에 도착한다." 이 책이 올바른 방향을 잡는 데 도움이 되었기를 바란다. 백만장자가 되는 방법에 대해 읽는 것만으로는 충분하지 않다. 조언대로 행동해야 한다.

최고의 행동 지침은 절대적인 관점이 아니라 확률적인 관점으로 생각하는 것이다. 내가 전작《이것은 사고, 저것은 사지 마라》에서 제안했던 것처럼 어떤 결정이 옳을 확률이 70%라고 가정하면 30% 확률로 틀릴 수도 있다는 사실을 겸허히 인정하고 결정을 밀어붙이자. 치명적인 실수를 저지르지 않는 한 실수로부터 배움을 얻으면 더 강해진다.

어떤 사람들은 게임에서 한 번 이기면 게임을 그만둬야 한다고 말한다. 나는 아니다. 오히려 게임을 계속해야 한다고 강조하고 싶다. 목표를 가지고 게임을 하다 보면 장기적인 보상을 얻을 수 있기 때문이다. 다만 지나친 위험을 감수하지 않도록 조심하자. 부를 축적하는 이유는 나의 행복을 넘어 가족의 행복을 추구하기 위해서다. 사람들이 열심히 사는 데는 가족들에게 자신이 자라온 삶보다 더 나은 삶을 선물하고 싶은 마음이 깔려 있다.

내가 하는 투자나 노력에 대해 의심이 들 때마다 멀리 바라보자. 주식이나 부동산을 매수하고 1년 만에 가격이 20%나 하락한다면 틀림없이 속이 쓰릴 것이다. 하지만 시야를 넓혀 10년, 15년, 20년을 내다보면 대개는 성과를 낸다.

경제적 독립을 이루기 위한 첫 번째 원칙

얼마나 큰 부를 쌓고 싶든 간에 무조건 명심해야 하는 경제적 독립의 가장 큰 원칙은 재앙을 피해야 한다는 것이다. 일단 순자산이 100만 달러에 도달해 가족들을 걱정 없이 부양할 수 있게 되면 위험을 어느 정도 회피하는 것이 현명하다.

가장 보수적인 방법은 전체 순자산을 30년 만기 국채에 투자해 손실을 철저히 방어하는 것이다. 그러나 경제적 안전망을 구축하고 나면 오히려 더 큰 위험을 감수하고 싶어질지도 모른다. 머니 게임에서 승리를 거둔 후 큰 부채를 만들거나 과도한 위험을 지지 않도록 주의해야 한다. 심각한 손실을 보면 이를 만회하는 과정에서 귀중한 시간을 낭비하기 때문이다.

시간과 자유를 놓고 경쟁하라

나는 뉴욕과 샌프란시스코의 지인들을 통해 수년간 몇몇 슈퍼리치들을 소개받았다. 나의 편견과 달리 그들은 옆집에 사는 평범한 백만장자 정도의 기쁨과 성취감만 누리며 살고 있었다.

예를 들어, 내가 만난 한 IT 회사의 창업자는 자산을 1억 달러나 가지고 있었지만 수십억 달러를 가진 비슷한 배경의 사람들과 자신을 비교하면서 스스로를 실패자라고 여겼다. 한 상장 기업의 임원은 투자자들과 언론의 눈치를 봐야 하는 자신의 일이 마음에 들지 않는다고 고백했다. 그는 가족과 함께 애스펀에서 스키를 즐기고 싶어 했지만, 자신에게 딸린 수천 명의 주주와 직원들 때문에 휴일에도 뉴욕에서 몸을 갈아 넣어 일해야 했다.

물론 이런 슈퍼리치들이 스트레스를 덜 받는 행복한 삶을 누리기 위해 막대한 재산을 기꺼이 포기하지는 않을 것이다. 다만 백만장자나 억만장자가 된다고 해서 모든 문제가 해결되지는 않는다는 사실은 명심하자. 오히려 부자가 되면 돈 걱정 대신 다른 문제들이 더 부각될 수 있다.

직업, 투자, 창업 등으로 부지런히 100만 달러를 모으되 목표를 달성하자마자 해탈의 경지에 이를 것이라고는 생각하지 말아야 한다. 항상 다음에 오를 산이 손짓하고 있기 때문이다.

비슷한 배경을 가진 사람들과 경쟁할 때 계좌 잔고를 점수판으로 사용하는 것도 피해야 한다. 그 대신 누가 더 많은 시간과 자유를 가지고 있는지로 경쟁해라. 나는 대출 없는 집과 넉넉한 통장 잔고를 보유한 연금 수급자가 다음 목표를 좇느라 여전히 분주한 백만장자보다 마음만은 더 부유할 거라고 장담한다. 이성적인 40세라면 90세 억만장자와 삶을 바꿀 생각 따위는 하지 않는다. 돈이야 언제든 벌 수 있지만 시간은 1분도 더 벌 수 없기 때문이다.

백만장자라는 이정표를 넘어서

백만장자가 되기 위해 노력하는 모든 사람이 용기와 믿음을 가지길 바란다. 부의 이정표가 그려내는 길은 가능성으로 가득한 열린 지평으로 이어진다. 이 사실을 알고 자신감을 갖자. 때로는 여정 그 자체가 가장 큰 보상이 될 때도 있다. 이것은 지나고 나서 돌아봤을 때야 완전히 이해할 수 있는 깨달음일지도 모른다.

마침내 백만장자가 되었을 때 잠시 멈춰서 지나온 길을 보자.

당신의 순자산에 붙은 '0'들은 불안에 떨면서도 오랫동안 아끼고 성장하며 인내했던 시간들이다. 또한 당신을 응원해준 가족, 영향력 있는 멘토, 이 책을 선물해준 친구 등 약간의 행운이 따랐을 수 있다는 사실도 잊지 마라. 우리 모두는 다른 사람의 어깨를 밟고서 지금의 위치에 섰다. 이제는 내가 받은 은혜를 다른 사람에게 베풀어야 할 때다.

기본적인 욕구가 충족된 후에는 자신이 소중하게 여기는 가치 안에서 더 높은 목표를 추구하게 된다. 그것은 더 보람 있는 일을 하는 것, 더 깊은 인간관계를 맺는 것, 명예로운 유산을 남기는 것 등이다. 경제적 독립에 성공하면 이제 가장 중요한 것에 집중할 수 있다. 하지만 진정한 만족은 여전히 내면에서 비롯된다. 자신을 부유한 동료와 끝없이 비교하지 말자. 언제나 나보다 더 부유한 누군가가 있기 마련이다. 대신 이미 가진 것에 감사하자.

여기까지 온 것을 축하한다! 당신을 기다리고 있을 일들에 내 마음도 설렌다. 우리는 이 책에서 많은 내용을 다루었다. 당신의 여정을 이어가며 이 책을 자주 참고하길 바란다. 각 장의 끝부분에 있는 과제들을 끝낼 때마다 반드시 자축하자. 그리고 앞으로의 길에 다음 네 가지 주제를 꼭 명심하길 바란다.

1. 성공하는 사람의 마인드셋을 가질 것.
2. 성장의 흐름에 올라탈 것.

3. 소중히 여기는 가치에 충실한 삶을 살 것.

4. 의미 있는 유산을 남길 것.

이 책의 여정에 함께해줘서 고맙다. 도움이 필요하거나 궁금한 점이 있다면 언제든 파이낸셜 사무라이를 방문해서 2009년부터 내가 써온 2,500개 이상의 게시물에 댓글을 남겨라. 무료 뉴스레터를 구독할 수도 있다. 여러분의 메시지는 언제나 환영이다.

감사의 말

포트폴리오 출판사에서 두 번째 책을 출판할 수 있게 도와준 편집자 노아 슈워츠버그에게 감사를 보냅니다. 또다시 함께 작업하게 되어 정말 기뻤습니다. 유용한 피드백과 아이디어를 준 부편집자 레일라 샌들린, 꼼꼼하게 교정과 편집 작업을 맡아준 제작팀에도 감사드립니다.

여러 달 동안 늦은 밤까지, 오랜 시간 내 곁을 지켜준 나의 멋진 아내 시드니에게 큰 감사를 전합니다. 정보 조사와 편집, 적절한 조언과 정리 덕분에 이 책을 지금의 모습으로 다듬을 수 있었어요. 당신의 헌신에 늘 고마워요!

사랑하는 아이들, 너희는 언제나 영원히 나의 사랑이자 기쁨이란다. 이 책을 쓰는 내내 너희가 보여준 웃음과 미소에 감사한다. 서점에서 이 책을 함께 찾으러 갈 날이 기다려진다. 꾸밈없는 너희의 행복과 설렘이 나를 계속 나아가게 하는 원동력이다. 부부와 스위티파이에게 따뜻한 사랑을 보낸다.

멋진 삽화를 그려준 콜린 콩새비지에게도 감사를 전합니다. 다시 한번 작업하면서 당신의 예술적 재능을 책에 담을 수 있어서 기뻤습니다. 레베카 커리, 25년 넘게 놀라운 통찰력과 사랑, 지지를 보내주셔서 감사합니다. 무한한 활기를 불어 넣어준 저스티콩, 이 프로젝트 내내 나를 북돋아준 케이아 콩에게도 감사 인사를 전합니다.

내가 새로운 글, 뉴스레터, 팟캐스트를 업로드할 때마다 변함없는 응원과 소중한 의견을 나눠준 파이낸셜 사무라이의 구독자들에게도 감사합니다.

마지막으로 늘 지지와 사랑을 보내주는 가족들에게 감사를 전합니다. 매일매일 여러분이 내 가족이라서 정말 큰 축복이라고 생각합니다.

이 책이 유익했다면 가족, 친구, 동료들과 공유해라. 누구든 하루빨리 더 큰 부와 경제적 독립을 이룰 자격이 있다.

파이낸셜 사무라이에서 무료 뉴스레터를 구독할 수 있다. 주식 시장에 대한 통찰력과 부동산 전략, 커리어 및 비즈니스 조언, 조기 은퇴 가이드, 창업 팁, 특별 프로모션 등 다양한 콘텐츠를 볼 수 있다.

애플과 스포티파이에서 팟캐스트를 구독할 수도 있다. 이 채널에서는 투자자, 작가, 기업가, 교육자, 프리랜서 등 당신의 삶을 개선하는 데 도움이 될 흥미로운 게스트들을 인터뷰한다.

이 책에서 다루는 주제들을 더 자세히 살펴보려면 파이낸셜 사무라이의 다음 게시물과 자료들을 참조해라.

1부 마음먹기: 행동을 끌어내는 마인드셋 설정

후회 최소화하기

〈앞으로 나아가는 데 도움이 되는 후회 최소화 훈련을 수행하라(Conduct a Regret Minimization Exercise to Help You Move Forward)〉

500만 달러로 은퇴하기

〈500만 달러만으로도 편안하게 파이어할 수 있을까?(Is Five Million Dollars Enough to Retire Comfortably or Early?)〉

건강에 좋은 파이어

〈파이어로 얻는 건강상 이점은 값을 매길 수 없다(The Health Benefits of Early Retirement Are Priceless)〉

황금 수갑

〈더는 최대 수익을 낼 수 없다는 우울함 극복하기(Overcoming the Downer of No Longer Making Maximum Money)〉

직장에서 피해야 할 실수

〈당신의 미래 커리어를 망치는 행동 목록(A List of Career-Limiting Moves to Blow Up Your Future)〉

월스트리트에서 일하기

〈월스트리트에서 일해야 할까? 금융업계의 장점(Should I Work on Wall Street? The Pros of Working in Finance)〉

연령별 저축 목표

〈연령별로 얼마나 많이 저축해야 할까?(How Much Savings Should I Have Accumulated by Age?)〉

불로소득을 창출하는 최고의 방법

〈최고의 불로소득 투자법 순위(Ranking the Best Passive Income Investments)〉

2부 행동하기: 경제적 자유로 직행하는 8단계 은퇴 이정표

1단계 소득의 30% 이상을 저축하라

투자법

〈DIY 투자법: 쉬운 투자 가이드(DIY Investing: An Easy Guide to Investing Your Own Money)〉

공포에 기반한 저축

〈끊임없는 실패: 내가 계속해서 많은 돈을 저축하는 이유 (Perpetual Failure: The Reason Why I Continue to Save So Much)〉

저축의 규칙

〈장기 투자는 나 자신에게서 나 자신을 구하는 일이다(Long Term Investing Is All About Saving Yourself from Yourself)〉

국가별 저축률

OECD, '저축률(Saving Rate)'

연령별 순자산

〈연령별 순자산 증가율 목표 추천(Suggested Net Worth Growth Target Rates by Age)〉

현금 흐름

〈경제적 독립을 위해 현금 흐름 개선을 멈추지 마라(Always Work on Improving Cash Flow for Financial Independence)〉

스트레스 없는 현금 흐름

〈현금 관리는 전적으로 스트레스 관리다(Cash Management Is Really All About Stress Management)〉

투자 비용 사고방식

〈부자가 되고 싶다면 모든 투자를 비용으로 처리하라(Treat All Investments as Expenses If You Want to Grow Richer)〉

퇴직연금 키우기

〈성공적인 은퇴를 위한 퇴직연금 운용법(How to Better Manage Your 401(k) for Retirement Success)〉

파이어

〈파이어의 기본 사항(The Fundamentals of FIRE)〉

코스트 파이어

〈코스트 파이어란 무엇이며, 이것은 적합한 은퇴 방법일까? (What Is Coast FIRE and Is It the Right Retirement Path for You?)〉

파이어에 필요한 투자액

〈편안한 파이어를 위한 연령별 세후 투자액(After-Tax Investment Amounts by Age to Comfortably Retire Early)〉

속성 검사 팁

〈주택 구매 전의 열 가지 경고 신호: 철저한 검사관 되기(10 Warning Signs Before Buying a House: Be a Thorough Inspector)〉

부동산 중개인 선택하기

〈나쁜 부동산 중개인이 판매자에게 큰 손해를 끼치는 방법(How Bad Real Estate Agents Can Cost Sellers a Lot of Money)〉

계약금 보호하기

〈주택 구매 계획이 있는 경우 계약금 활용법(How to Invest Your Down Payment If You're Planning to Buy a House)〉

채권을 팔아 부동산 구입하기

〈부동산은 채권 투자와 같다: 더 큰 상승 가능성(Real Estate Is Like a Bond Plus Investment: More Potential Upside)〉

주택 소유에 따른 예상 밖의 비용

〈주택 구매 후 발생하는 깜짝 비용에 관한 모든 것(All the Surprising Costs That Come After a Home Purchase)〉

크라우드펀딩으로 부동산 투자하기

〈개인 부동산 학습 센터(Private Real Estate Learning Center)〉

집과 자동차

〈경제적 자유에 알맞은 집과 자동차 지출 비율(The Right House-to-Car Ratio for Financial Freedom)〉

자동차를 위한 지출

〈자동차를 살 때 모두가 따라야 할 10분의 1 규칙(The 1/10th Rule for Car Buying Everyone Must Follow)〉

5단계 소규모 창업으로 머니 파이프라인을 늘려라

온라인 활동의 중요성

〈오늘 당장 개인 웹사이트 운영을 시작해야 하는 이유
(Why You Need to Start Your Own Website Today)〉

브랜딩

〈사업, 블로그, 경력을 브랜딩하는 강력한 방법(How to
Build a Stronger Brand for Your Business, Blog, or Career)〉

사업과 삶

〈왜 사업을 시작해야 할까? 더 나은 삶을 위해서다(Why Start
a Business? A Better Life of Course)〉

성실함의 가치

〈성공의 비밀: 10년간의 변함없는 헌신(The Secret to Your
Success: 10 Years of Unwavering Commitment)〉

더 잘 버는 일의 어려움

〈액티브 투자와 패시브 투자의 주식 및 채권에 대한 성과 비교(Active Versus Passive Investing Performance in Stocks and Bonds)〉

신용점수 높이기

〈800점 이상으로 신용점수 높이는 법(How to Improve Your Credit Score to 800 and Higher)〉

부채 등급

〈최악의 부채부터 최고의 부채까지, 부채 등급(Ranking Debt Types from Worst to Best)〉

탐욕의 위험

〈인플레이션과 탐욕: 가계의 가장 큰 파괴자(Inflation and Greed: The Biggest Wealth Destroyers for Families)〉

신용거래

〈신용거래로 돈을 모두 잃는다고 해도 최악의 상황은 아니다 (Losing All Your Money Investing on Margin Is Not the Worst Thing)〉

투자의 위험

〈반드시 알아야 할 위험에 노출되는 투자 유형(The Main Types of Investment Risk Exposure to Be Aware Of)〉

SEER 공식

〈SEER: 위험의 허용 범위를 정량화하고 적절한 주식 익스포저를 결정하는 법(Financial SEER: A Way to Quantify Risk Tolerance and Determine Appropriate Equity Exposure)〉

파산

〈부채와 파산은 말과 마차처럼 함께 간다(Debt and Bankruptcy Go Together Like a Horse and Carriage)〉

물가가 비싸지만 혜택도 있는 대도시

〈비싼 도시에서 사는 것은 당신을 더 부유하게, 행복하게, 사교적으로 만들어준다(Living in an Expensive City Can Make You Richer, Happier, and More Diplomatic)〉

'도시 가족' 육성

〈한 가족이 비싼 도시에서 살려면 얼마가 필요할까?(How Much Does a Family Need to Make to Live in an Expensive City?)〉

지리적 차익을 거두는 법

〈적절한 지리적 차익 전략: 일단 도시, 그다음 국가, 이후 세계(The Proper Geoarbitrage Strategy: First Your City, Then Your Country, Then the World)〉

밤에도 활기가 도는 '18시간 도시'

〈18시간 도시: 매력적인 부동산 투자의 기회(18-Hour Cities: An Attractive Real Estate Investment Opportunity)〉

은행 계좌 나누기

〈재정적 의존은 최악이다: 부부 각자의 은행 계좌가 필요한 이유(Financial Dependence Is the Worst: Why Each Spouse Needs Their Own Bank Account)〉

재정 목표 공유

〈부부가 같은 재정 목표를 세우고 승리하는 법(How Couples Can Adopt the Same Financial Goals and Win)〉

결혼식 비용

〈파산한 채 홀로 남고 싶지 않다면 따라야 할 결혼식 지출 규칙(Wedding Spending Rules to Follow If You Don't Want to End Up Broke and Alone)〉

나이 드는 부모

〈부모님이 당신의 은퇴를 위험에 빠뜨리고 있는가?(Are Your Parents Putting Your Retirement At Risk?)〉

3부 살아가기: 백만장자가 된 후에 해야 할 일들

현명하게 소비하라

FSWR 대 4% 법칙

〈적절한 동적 안전 인출률: 4% 법칙은 구식이다(The Proper Safe Withdrawal Rate: 4 Percent Rule Is Outdated)〉

원금 보전

〈은퇴를 위한 이상적인 인출률은 원금에 영향을 미치지 않는다(The Ideal Withdrawal Rate for Retirement Does Not Touch Principal)〉

기대수명

〈기대수명은 부와 사는 곳에 크게 영향받는다(Your Life Expectancy Depends Greatly on Wealth and Location)〉

동반자의 중요성

〈장수의 핵심 비결: 파산보다 더 큰 두려움은 혼자가 되는 것이다(The Key to Living Longer: Fear Being Alone Far More Than Going Broke)〉

유언장과 신탁

〈유언장 대 신탁: 무엇이 더 좋은가?(Will vs Trust: Which Is Better)〉

생명보험 가입

〈스트레스 없이 생명보험에 가입하는 일곱 단계(How to Buy Life Insurance in 7 Steps Stress-Free)〉

죽음 준비

〈남은 이들이 처리해야 할 일을 정리한 '데스 파일'이 필요한 이유(The Death File and Why You Need One)〉

상속

〈자녀들에게 남기고 갈 적절한 재산(The Right Amount of Money to Give and Leave Our Children)〉

1부 마음먹기: 행동을 끌어내는 마인드셋 설정

당신은 왜 백만장자가 되고 싶은가

1   Sam Dogen, "Who Makes a Million Dollars a Year? Exploring the Top 0.1% Income Earners," *Financial Samurai*, February 14, 2024, financialsamurai.com/who-makes-a-million-dollars-a-year-exploring-the-top-0-1-income-earners.

2   Committee on Family Caregiving for Older Adults; Board on Health Care Services; Health and Medicine Division; National Academies of Sciences, Engineering, and Medicine; Richard Schulz and Jill Eden, eds., *Families Caring for an Aging America* (Washington, DC: National Academies Press, 2016), ncbi.nlm.nih.gov/books/NBK396403.

3   Rina Torchinsky, "It Now Costs $300,000 to Raise a Child," *The Wall Street Journal*, August 19, 2022, wsj.com/articles/it-now-costs-300-000-to-raise-a-child-11660864334.

4   Emma Kerr and Sarah Wood, "See the Average College Tuition in 2023-2024," *US News & World Report*, September 20, 2023, usnews.com/education/best-colleges/paying-for-college/articles/paying-for-college-infographic; Melanie Hanson, "Average Cost of College & Tuition," EducationData.org, November 18, 2023, educationdata.org/average-cost-of-college.

5   Kerr and Wood, "See the Average College Tuition in 2023-2024"; Hanson, "Average Cost of College & Tuition."

6   Fidelity Viewpoints, "How to Plan for Rising Health Care Costs," fidelity.com/viewpoints/personal-finance/plan-for-rising-health-care-costs.

7   Andrew Shilling, "This is the No. 1 Expense, by Far, for Retirement-Age Americans—and Pros Say It Shouldn't Be," *MarketWatch*, December 3, 2022, marketwatch.com/picks/is-your-retirement-spending-normal-heres-exactly-how-much-the-average-retired-household-spends-each-year-on-everything-from-housing-to-clothing-01669923485.

8   "Cost of Care Survey," Genworth.com, February 22, 2024, genworth.com/aging-and-you/finances/cost-of-care.html.

9   Daniel Kahneman and Angus Deaton, "High Income Improves Evaluation of Life but Not Emotional Well-Being," *Proceedings of the National Academy of Sciences of the United States of America* 107, no. 38 (September 7, 2010): 16489-93, pnas.org/doi/10.1073/pnas.1011492107.

10   Adela Suliman, "Can Money Buy Happiness? Scientists Say It Can," *The Washington Post*, March 8, 2023, washingtonpost.com/business/2023/03/08/money-wealth-happiness-study; Aimee Picchi, "One Study Said Happiness Peaked at $75,000 in Income. Now, Economists Say It's Higher—by a Lot," CBS News, March 10, 2023, cbsnews.com/news/money-happiness-study-daniel-kahneman-500000-versus-75000.

11   Mark Borgschulte, Marius Guenzel, Canyao Liu, and Ulrike Malmendier, "CEO Stress, Aging, and Death," IZA—Institute of Labor Economics, August 2023, docs.iza.org/dp16366.pdf.

12   "World's Billionaires List," *Forbes*, accessed September 7, 2024, forbes.com/billionaires/.

13   Hannah Towey and Katie Canales, "Amazon Founder Jeff Bezos Pledged to Donate the Majority of His Wealth to Charity. Here's How He Currently Spends His $122 Billion Fortune, from Giant Underground Clocks to Space Exploration," *Business Insider*, November 16, 2022, businessinsider.com/jeff-bezos-net-worth-life-spending-amazon-

founder-billion-wealth.

14   Harvard Medical School and Massachusetts General Hospital, "Harvard Study of Adult Development," Harvard Second Generation Study, 2015, adultdevelopmentstudy.org; Liz Mineo, "Good Genes Are Nice, but Joy Is Better," *The Harvard Gazette*, April 11, 2017, news.harvard.edu/gazette/story/2017/04/over-nearly-80-years-harvard-study-has-been-showing-how-to-live-a-healthy-and-happy-life.

백만장자가 될 수 있다고 확신하라

1   "Global Wealth Report 2023," UBS.com, 2024, ubs.com/global/en/family-office-uhnw/reports/global-wealth-report-2023.html.

2   Anne Morse, "World Population Estimated at 8 Billion," United States Census Bureau, November 9, 2023, census.gov/library/stories/2023/11/world-population-estimated-eight-billion.html.

3   Board of Governors of the Federal Reserve Board, "2022 Survey of Consumer Finances," November 21, 2023, federalreserve.gov/econres/scfindex.htm.

4   Board of Governors of the Federal Reserve Board, "2022 Survey of Consumer Finances."

5   "Global Wealth Report 2023," UBS.com.

6   Dock David Treece, "Are You in the Top 1%?," *Forbes Advisor*, June 8, 2023, forbes.com/advisor/investing/financial-advisor/are-you-in-the-top-1-percent.

7   "Global Wealth Report 2023," UBS.com.

8   Vishesh Raisinghani, "A Janitor in Vermont Built an $8M Fortune Without Anyone Around Him Knowing. These Are the 3 Simple Techniques That Made Ronald Read Rich—and Can Do the Same for You Too," *Yahoo*! Finance, August 29, 2023, finance.yahoo.com/news/janitor-vermont-amassed-8m-fortune-140000770.html.

9   "QuickFacts United States," United States Census Bureau, accessed July 1, 2023, census.gov/quickfacts/fact/table/US/PST045221; Victoria Stilwell, "What Are Your Odds of Becoming a Millionaire?," *Bloomberg*, January 21, 2016, bloomberg.com/features/2016-millionaire-odds.

10   "The Warren Buffett & Berkshire Hathaway Timeline," Warren Buffett Archive, CNBC, 2018, buffett.cnbc.com/buffett-timeline.

11   Paul Sisolak, "How Rich Warren Buffett Was at Your Age," *Business Insider*, August 12, 2015, businessinsider.com/how-rich-warren-buffett-was-at-your-age-2015-8; Sisolak, "How Rich Warren Buffett Was at Your Age"; "Profile: Warren Buffett," *Forbes*, accessed August 24, 2024, forbes.com/profile/warren-buffett/?sh=146f22f84639.

12   Victoria Stilwell, "What Are Your Odds of Becoming a Millionaire?"

2부 행동하기: 경제적 자유로 직행하는 8단계 은퇴 이정표

1단계 소득의 30% 이상을 저축하라

1   US Bureau of Economic Analysis, "Personal Saving Rate (PSAVERT)," FRED, Federal Reserve Bank of St. Louis, accessed April 26, 2024, fred.stlouisfed.org/graph/?g=580A.

2   Aditya Aladangady et al., *Changes in US Family Finances from 2019 to 2022: Evidence from the Survey of Consumer Finances* (Washington, DC: Board of Governors of the Federal Reserve System, October 2023), doi.org/10.17016/8799.

3   FRED, US Bureau of Economic Analysis, "Personal Saving Rate (PSAVERT)," accessed March 29, 2024.

4   Aladangady et al., *Changes in U.S. Family Finances from 2019 to 2022.*

2단계 주식과 채권에 분산 투자하라

1   "IRS Provides Tax Inflation Adjustment for Tax Year 2024," IRS. gov, November 9, 2023, irs.gov/newsroom/irs-provides-tax-inflation-adjustments-for-tax-year-2024. 국세청이 정한 2024년 소득세율과 과세 구간은 이후 바뀔 수 있다.

2   국세청의 2024년 장기 자본이득세 구간을 기준으로 한다.

3   주식과 채권 관한 더 많은 자산 배분 모델은 다음 링크를 참조하라. financialsamurai.com/the-proper-asset-allocation-of-stocks-and-bonds-by-age.

3단계 퇴직연금을 성실하게 운용하라

1   Lorie Konish, "The S&P 500 Is Up About 23% Year to Date. Investors in That Index Should 'Set a Strategy and Stay Invested,' Expert Says," CNBC, December 15, 2023, cnbc.com/2023/12/15/the-sp-500-is-up-over-23percent-year-to-date-what-to-know-before-investing.html.

2   Sam Dogen, "Finishing Rich Despite A Low-Return Stock Market Environment," *Financial Samurai*, October 23, 2024, financialsamurai.com/low-stock-market-return-scenario; Muslim Farooque, "Goldman Sachs Predicts Sluggish S&P 500 Growth Over Next Decade, Warns of Lower Returns," *Yahoo! Finance*, October 21, 2024, finance.yahoo.com/news/goldman-sachs-predicts-sluggish-p-192356002.html; JP Morgan Asset Management, "2025 Long-Term Capital Market Assumptions," accessed October 23, 2024, am.jpmorgan.com/us/en/asset-management/institutional/insights/portfolio-insights/ltcma/; Vanguard Investment Strategy Group, "Market Perspectives," Vanguard, October 16, 2024, advisors.vanguard.com/insights/article/series/market-perspectives.

3   Keith Speights, "The S&P 500 Is Poised to Do Something It's Only Done 3 Times Ever. Here's What History Says It Could Mean for Stocks in 2024," *Yahoo! Finance*, December 24, 2023, finance.yahoo.com/news/p-500-poised-something-only-104900192.html.

4   "401(k) Limit Increases to $23,000 for 2024, IRA Limit Rises to $7,000," IRS.gov, November 1, 2023, irs. gov/newsroom/401k-limit-increases-to-23000-for-2024-ira-limit-rises-to-7000.

5   2024년 기준 50세 미만 직원의 401k 최대 납입 한도는 2만 3000달러이며 이는 바뀔 수 있다. 국세청 웹사이트에서 최대 납입 한도를 확인해라.

6   72t 규정은 일정한 경우에 한해 5년 일찍 401k나 IRA에서 자금을 인출할 수 있다고 정한다. 이와 관련해서는 다음 링크를 참조하라. financialsamurai. com/rule-72t-withdraw-money-penalty-free-from-ira-for-early-retirement. 로스 IRA도 특정 상황에서는 10퍼센트의 세금 없이 인출이 가능하다. 이와 관련해서는 다음 링크를 참조하라. schwab.com/ira/roth-ira/withdrawal-rules.

7   Sam Dogen, "The Dark Side Of Early Retirement: The Downsides Of Not Working," *Financial Samurai*, August 14, 2025, financialsamurai.com/the-dark-side-of-early-retirement-risk.

8   Trevor Jennewine, "Here's the Average Stock Market Return in Every Month of the Year," February 6, 2024, *The Motley Fool*, fool.com/investing/2024/02/06/average-stock-market-return-in-every-month-of-year.

4단계 집을 사되 5년 이상 보유하라

1   부동산 매각 직전 5년 중 2년 이상을 실거주 및 보유해야 한다. 더 자세한 내용은 다음 링크를 참조하라. irs.gov/taxtopics/tc701.

2   Melissa Dittmann Tracey, "Study: Homeowner Wealth Is 40 Times Higher Than Renters," *Realtor Magazine*, April 18, 2023, nar.realtor/magazine/real-estate-news/study-homeowner-wealth-is-40-times-higher-than-renters.

3   World Bank, "Inflation, Consumer Prices for the United States (FPCPITOTLZGUSA)," FRED, Federal Reserve Bank of St. Louis, accessed December 19, 2023, fred.stlouisfed.org/series/FPCPITOTLZGUSA.

4   Sean Ross, "Has Real Estate or the Stock Market Performed Better

Historically?," Investopedia, December 19, 2023, investopedia.com/ask/ answers/052015/which-has-performed-better-historically-stock-market-or-real-estate.asp; "US House Price Index YoY (I: USCHPIY)," YCharts.com, accessed January 28, 2024, ycharts.com/indicators/us_house_price_index_yoy#; G. Brian Davis, "Real Estate vs. Stocks: What 145 Years of Returns Tells Us," *BiggerPockets*, March 10, 2023, biggerpockets.com/blog/real-estate-vs-stocks-performance.

5   Yun Li, "Warren Buffett, Who Turns 93, Is at the Top of His Game as He Pushes Berkshire Hathaway to New Heights," CNBC, August 30, 2023, cnbc.com/2023/08/30/warren-buffett-is-at-the-top-of-his-game-as-berkshire-hits-new-heights.html.

6   US Census Bureau and US Department of Housing and Urban Development, "Median Sales Price of Houses Sold for the United States (MSPUS)," FRED, Federal Reserve Bank of St. Louis, accessed March 27, 2024, fred.stlouisfed.org/series/MSPUS.

7   Khristopher J. Brooks, "It's Taking Americans Much Longer in Life to Buy Their First Home," CBS News, August 15, 2023, cbsnews.com/news/average-homebuyer-age-millennial-data-realtor.

8   Sam Dogen, "How To Invest Your Down Payment If You're Planning To Buy A House," *Financial Samurai*, August 20, 2025, financialsamurai.com/how-to-invest-your-down-payment-if-youre-planning-to-buy-a-house.

9   Sam Dogen, "The Right House-to-Car Ratio for Financial Freedom," *Financial Samurai*, June 27, 2024, financialsamurai.com/house-to-car-ratio-for-financial-freedom/; US Census Bureau, "Real Median Household Income in the United States (MEHOINUSA672N)," FRED, Federal Reserve Bank of St. Louis, accessed September 12, 2023, fred.stlouisfed.org/series/MEHOINUSA672N.

5단계 소규모 창업으로 머니 파이프라인을 늘려라

1   Rob LaFranco, Grace Chung, and Chase Peterson-Withorn, eds., "World's Billionaires List," *Forbes*, 2024, www.forbes.com/billionaires.

2   Andrew Lisa, "7 Income Streams That Make Millionaires Rich," *Yahoo! Finance*, May 18, 2023, finance.yahoo.com/news/7-income-streams-millionaires-rich-200008107.html.

3   "The Dollar-a-Year Man," *Forbes*, May 8, 2002, updated June 6, 2013, forbes.com/2002/05/08/0508iacocca.html?sh=584e82951c34.

4   US Census Bureau, "Real Median Household Income in the United States (MEHOINUSA672N)," FRED, Federal Reserve Bank of St. Louis, accessed September 12, 2023, fred.stlouisfed.org/series/MEHOINUSA672N.

5   이와 관련된 더 많은 내용은 다음 링크를 참조하라. Sam Dogen, "Fundrise Innovation Fund Review: Disrupting Venture Capital," *Financial Samurai*, July 9, 2025, financialsamurai.com/fundrise-innovation-fund.

6단계 실수하지 말고 불확실성을 줄여라

1   Katrin Bennhold, Clare Toeniskoetter, and Lynsea Garrison, "How One Family Lost $900,000 in a Timeshare Scam," in *The Daily*, produced by Asthaa Chaturvedi and Will Reid, podcast, April 12, 2024, nytimes.com/2024/04/12/podcasts/the-daily/scam-cartel-timeshare.html.

2   Chris Morris, "This New Dating App Matches Singles. But Only If They Have Good Credit Scores," *Fast Company*, February 14, 2024, fastcompany.com/91028669/new-dating-app-score-matches-singles-good-credit-scores.

3   Sam Dogen, "Free Wealth Management," *Financial Samurai*, June 26, 2025, financialsamurai.com/free-wealth-management.

4   Sam Dogen, "How To Better Manage Your 401(k) For Retirement Success," *Financial Samurai*, January 4, 2025, financialsamurai.com/how-to-better-manage-your-401k-for-retirement-through-scenario-analysis.

5   Juliana Menasce Horowitz and Kim Parker, "How Americans View Their Jobs," Pew Research Center, March 30, 2023, pewresearch.org/social-trends/2023/03/30/how-americans-view-their-jobs.

6   Stephen Fry, "Lady Gaga Takes Tea with Mr. Fry," *Financial Times*, May 27, 2011, ft.com/content/0cca76f0-873a-11e0-b983-00144feabdc0.

7   "How Lady Gaga Built a $150 Million Fortune," *Forbes*, forbes.com/stories/billionaires/how-lady-gaga-built-a-150-million-fortune.

7단계 돈이 있는 곳으로 가라

1   "Calculating Migration Expectancy Using ACS Data," US Census Bureau, December 3, 2021, census.gov/topics/population/migration/guidance/calculating-migration-expectancy.html.

2   Greg Rosalsky, "Lean Out: Employees Are Accepting Lower Pay in Order to Work Remotely," *Planet Money*, July 12, 2022, npr.org/sections/money/2022/07/12/1110510488/lean-out-employees-are-accepting-lower-pay-in-order-to-work-remotely.

3   Mehnaz Yasmin and Krystal Hu, "HR Tech Startup Rippling Climbs to $13.5 Billion Valuation After Coatue-Led Funding," Reuters, April 22, 2024, reuters.com/technology/hr-tech-startup-rippling-valued-135-bln-after-latest-fundraise-2024-04-22.

8단계 뜻을 같이하는 파트너를 구하라

1   Eleanor Pringle, "People Have Started Posting Their Credit Scores on Dating Profiles—It's Winning Them More Matches and Better Dates," *Fortune*, May 31, 2023, fortune.com/2023/05/31/credit-scores-on-hinge-dating-profiles-getting-better-matches.

2   Barbara Greenberg, "Why Do Couples Really Fight About Money?," *Psychology Today*, July 9, 2023, psychologytoday.com/us/blog/the-teen-doctor/202307/why-do-couples-really-fight-about-money.

3   내가 이 주제로 쓴 유용한 글을 읽고 싶다면, 3부의 '무엇을 어떻게 남길지 고민하라'와 '더 읽어보기'를 참조하길 바란다.

4 Christy Bieber, "Revealing Divorce Statistics in 2024," *Forbes Advisor*, January 8, 2024, forbes.com/advisor/legal/divorce/divorce-statistics.

5 Kerr and Wood, "See the Average College Tuition in 2023–2024."

6 Vanessa Wong, "In 18 Years, a College Degree Could Cost About $500,000," *BuzzFeed News*, March 17, 2017, buzzfeednews.com/article/venessawong/in-18-years-a-college-degree-could-cost-about-500000#.uk0Lwl171.

7 Zina Kumok and Alicia Hahn, "7 Compelling Reasons Why You Should Go to College," *Forbes Advisor*, June 14, 2023, forbes.com/advisor/student-loans/why-should-you-go-to-college.

8 US Department of Health & Human Services, "How Much Care Will You Need?," LongTermCare.gov, February 18, 2020, acl.gov/ltc/basic-needs/how-much-care-will-you-need.

9 "Cost of Care Survey," accessed August 8, 2024, Genworth.com.

3부 살아가기: 백만장자가 된 후에 해야 할 일들

현명하게 소비하라

1 Cooper Evan, Paul Curcio, and David Tony, "What Is the 4% Rule?," CNN, May 17, 2024, cnn.com/cnn-underscored/money/four-percent-rule-retirement; CNBC, "US 10 Year Treasury," accessed September 8, 2024, cnbc.com/quotes/US10Y.

2 Sam Dogen, "The 4% Rule: Clearing Up Misconceptions With Its Creator Bill Bengen," *Financial Samurai*, August 30, 2025, financialsamurai.com/bill-bengen-retire-earlier.

3 Dan Buettner, *The Blue Zones: Lessons for Living Longer from the People*

Who've Lived the Longest (Washington, DC: National Geographic Society, 2008; 《블루존: 질병 없이 오래 사는 사람들의 비밀》, 2025).

4   Alvin Powell, "How Social Isolation, Loneliness Can Shorten Your Life," *The Harvard Gazette*, October 3, 2023, news.harvard.edu/gazette/story/2023/10/how-social-isolation-loneliness-can-shorten-your-life; Nell Derick Debevoise, "The Power of Purpose: How Ikigai Can Help Us Live Longer," *Forbes*, October 27, 2023, forbes.com/sites/nelldebevoise/2023/10/06/the-power-of-purpose-how-ikigai-can-help-us-live-longer.

5   "Pricing," Prenuvo.com, accessed February 9, 2024, prenuvo.com/pricing.

6   UCSF Department of Radiology & Biomedical Imaging, "Bone Density Scan (DXA or DEXA)," accessed September 8, 2024, radiology.ucsf.edu/patient-care/services/bone-density-scan-dxa-dexa.

7   UC Davis Health, "DXA Body Composition Analysis," Sports Medicine, accessed September 8, 2024, health.ucdavis.edu/sports-medicine/resources/dxa-info.

8   Biotech company GRAIL created: "FAQs for Patients About the Galleri Test," Galleri.com, 2024, galleri.com/patient/faqs.

무엇을 어떻게 남길지 고민하라

1   포시의 마지막 강의는 다음 링크를 참조하라. cmu.edu/randyslecture.

2   〈인셉션〉의 해당 장면은 나음 링크를 참조하라. youtube.com/watch?v=vlyBuG4j_8kv=vlyBuG4j_8k.

옮긴이 이주영

이화여자대학교 경제학과를 졸업하고 증권사에서 투자 및 분석 업무를 담당했다. 현재 바른 번역 전문 번역가로 활동하고 있다. 옮긴 책으로《비열한 시장과 도마뱀의 뇌》《멈춰라, 생각하라, 그리고 투자하라》《하워드 막스 투자와 마켓 사이클의 법칙》《하버드 머스트 리드: 스타트업 기업가정신》《트러스트 팩터》《원하는 것이 있다면 끝까지 버텨라》등이 있고, 《하버드비즈니스리뷰 코리아》번역에도 참여했다.

월급쟁이 부자의 정석

10년 만에 순자산 30억 만드는 기적의 월급 굴리기

초판1쇄 2026년 2월 4일

지은이 샘 도겐
옮긴이 이주영

발행인 문태진
본부장 서금선
책임편집 김광연   **편집 2팀** 임은선 원지연   **교정** 조유진

기획편집팀 한성수 임선아 허문선 최지인 이준환 송은하 송현경 이은지 김수현 이예림
마케팅팀 김동준 이재성 박병국 문무현 김은지 이지현 전지혜 조용환 김화정 천윤정
저작권팀 정선주
디자인팀 김현철 강재준 황주미
경영지원팀 노강희 윤현성 정헌준 조샘 이지연 조희연 김기현
강연팀 장진항 조은빛 신유리 김수연 송해인

펴낸곳 ㈜인플루엔셜
출판신고 2012년 5월 18일 제300-2012-1043호
주소 (06619) 서울특별시 서초구 서초대로 398 그레이츠 강남 11층
전화 02)720-1034(기획편집)   02)720-1024(마케팅)   02)720-1042(강연섭외)
팩스 02)720-1043
전자우편 books@influential.co.kr
홈페이지 www.influential.co.kr

한국어판 출판권 ⓒ ㈜인플루엔셜, 2026

ISBN 979-11-6834-356-6 (03320)

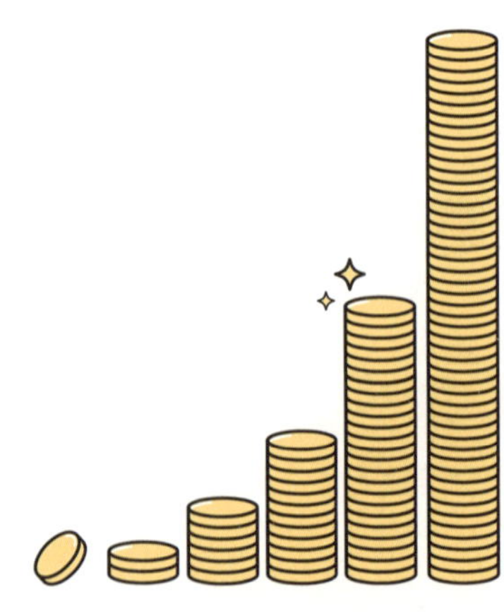